Unternehmensfinanzierung und -rating mit System

Sascha Kugler · Steffen Girmscheid

Unternehmensfinanzierung und -rating mit System

Core-Training zur Verbesserung der wirtschaftlichen Leistungsfähigkeit von KMU

Sascha Kugler
Alchimedus Management GmbH
Kalchreuth, Deutschland

Steffen Girmscheid
Girmscheid & Partner Steuerberatungsgesellschaft
Röthenbach an der Pegnitz, Deutschland

ISBN 978-3-658-20637-6   ISBN 978-3-658-20638-3 (eBook)
https://doi.org/10.1007/978-3-658-20638-3

Die Deutsche Nationalbibliothek verzeichnet diese Publikation in der Deutschen Nationalbibliografie; detaillierte bibliografische Daten sind im Internet über http://dnb.d-nb.de abrufbar.

Springer Gabler
© Springer Fachmedien Wiesbaden GmbH, ein Teil von Springer Nature 2018
Das Werk einschließlich aller seiner Teile ist urheberrechtlich geschützt. Jede Verwertung, die nicht ausdrücklich vom Urheberrechtsgesetz zugelassen ist, bedarf der vorherigen Zustimmung des Verlags. Das gilt insbesondere für Vervielfältigungen, Bearbeitungen, Übersetzungen, Mikroverfilmungen und die Einspeicherung und Verarbeitung in elektronischen Systemen.
Die Wiedergabe von Gebrauchsnamen, Handelsnamen, Warenbezeichnungen usw. in diesem Werk berechtigt auch ohne besondere Kennzeichnung nicht zu der Annahme, dass solche Namen im Sinne der Warenzeichen- und Markenschutz-Gesetzgebung als frei zu betrachten wären und daher von jedermann benutzt werden dürften.
Der Verlag, die Autoren und die Herausgeber gehen davon aus, dass die Angaben und Informationen in diesem Werk zum Zeitpunkt der Veröffentlichung vollständig und korrekt sind. Weder der Verlag noch die Autoren oder die Herausgeber übernehmen, ausdrücklich oder implizit, Gewähr für den Inhalt des Werkes, etwaige Fehler oder Äußerungen. Der Verlag bleibt im Hinblick auf geografische Zuordnungen und Gebietsbezeichnungen in veröffentlichten Karten und Institutionsadressen neutral.

Lektorat: Kristina Folz

Gedruckt auf säurefreiem und chlorfrei gebleichtem Papier

Springer Gabler ist ein Imprint der eingetragenen Gesellschaft
Springer Fachmedien Wiesbaden GmbH und ist Teil von Springer Nature
Die Anschrift der Gesellschaft ist: Abraham-Lincoln-Str. 46, 65189 Wiesbaden, Germany

Vorwort

Wer kennt das nicht? Der Sommer naht – und mit ihm der Wunsch, in Bikini oder Badehose eine besonders gute Figur zu machen. Auch diejenigen, die über den Winter kein Fett angesetzt haben, intensivieren nun ihr Sportprogramm, um ihren Körper noch ein bisschen besser in Form zu bringen. Überaus effektiv – und seit einiger Zeit im Trend – ist Core-Training. Dabei werden speziell die Muskelgruppen zwischen Zwerchfell und Hüfte besonders stark trainiert und damit die Körpermitte, der sogenannte Core, gestärkt. Die Core-Muskeln haben im Wesentlichen zwei Aufgaben: Zum einen schützen sie den Körper gegen äußere Einwirkungen; damit sind sie für das Gleichgewicht zuständig. Zum anderen sind sie das Zentrum der Kraftentwicklung für die Extremitäten. Sie sorgen also dafür, dass auch die kleineren distalen Muskeln präzise und kontrolliert agieren können. Je höher die Core-Stabilität, desto größer ist auch die sportliche Leistungsfähigkeit – und als Belohnung sorgt das Core-Training auch noch für eine ansehnliche Strandfigur.

Core-Stabilität für Unternehmen
Was für unseren Körper gilt, gilt auch für Unternehmen! Je höher die Core-Stabilität eines Unternehmens, desto stärker ist es innerlich und desto besser sieht es nach außen aus.

Core-Stabilität bedeutet in diesem Zusammenhang, dass ein Unternehmen die wesentlichen Muskelgruppen – hier die Finanzkennziffern zu den Bereichen Kapitalkraft, Verschuldung, Rendite, finanzielle Leistungsfähigkeit und Risikoreserve – im Griff und gut trainiert hat. Diese Kennziffern resultieren aus einem guten Geschäftsmodell, einem professionellen Einkauf und guter Mitarbeiterführung, effektivem Marketing, effizientem Vertrieb etc. Auch diejenigen, die bereits erfolgreich am Markt sind und nachhaltig wirtschaften, können ihre Core-Stabilität erhöhen und dadurch noch erfolgreicher werden. Wie Sie Ihre Core-Stabilität messen und verbessern können, ist Gegenstand dieses Buches.

▶ Core-Stabilität steht für Wirtschaftskraft, für das Vermögen, hohe Sprünge zu machen, Ausdauer zu beweisen und echte Bestleistung zu erzeugen. Je besser die Core-Stabilität eines Unternehmens ist, umso leichter vermag es Geld zu verdienen, Rendite zu erwirtschaften, Innovationen einzuführen und zu expandieren, kurzum: desto höher sind seine wirtschaftliche Leistungskraft und sein Erfolg.

Die Ausgangslage
Sie haben einen festen Kundenstamm[1], schreiben regelmäßig schwarze Zahlen und Ihr Unternehmen steht alles in allem gut da. Eine gute Ausgangslage! Doch da geht noch mehr. Gönnen Sie Ihrem Unternehmen ein umfassendes Core-Training, damit es die perfekte „Strandfigur" bekommt und langfristig leistungsfähig bleibt.

Auch für Unternehmen mit etwas ausgeprägteren Speckröllchen eignet sich ein umfassendes Core-Workout. Denn es verbessert die finanzielle Lage des Unternehmens und wirkt sich gleichzeitig positiv auf die Unternehmensstruktur aus. Nicht zuletzt eignet sich das Core-Training auch für solche Unternehmen, die Finanzierungsbedarf haben und entsprechend ein besseres Rating anstreben, um leichter an zusätzliches Kapital zu gelangen. Dieses Fitnessprogramm für Unternehmen ist also für jeden geeignet – für Einsteiger und Fortgeschrittene, für Ambitionierte und solche, die lediglich einzelne Fettpölsterchen bekämpfen wollen.

Die richtige Reihenfolge: Bestandsaufnahme, Trainingsplan, Erfolg
Wer seine sportliche Leistungsfähigkeit erhöhen will, muss zuallererst sein aktuelles Fitnesslevel testen. Das Gleiche gilt für Unternehmen: Überprüfen Sie zunächst einmal, wo Sie heute stehen. Dazu eignet sich der Core-Sixpack-Test, den wir Ihnen in Kap. 1 vorstellen. Er gibt Aufschluss darüber, wie fit Ihr Unternehmen aktuell ist.

Sobald Sie wissen, wo Ihre Speckröllchen sitzen – wo es also noch Optimierungsbedarf gibt –, können Sie Ihren Trainingsplan aufstellen: Mit dem Quick-Win-Core-Training erzielen Sie innerhalb von drei Monaten sichtbare Erfolge (Kap. 2). Das Power-Core-Training in Kap. 3 ist mittelfristig ausgerichtet: Trainingseffekte werden innerhalb von sechs Monaten sichtbar. Um die Core-Stabilität Ihres Unternehmens nachhaltig zu stärken, gilt es außerdem, ein langfristiges Professional

---

[1]Um die Lesbarkeit des Buches zu verbessern, wird auf geschlechtsspezifische Personenbezeichnungen verzichtet. Die Angaben beziehen sich dennoch stets auf Frauen und Männer gleichermaßen.

Core-Training zu absolvieren, das rund zwölf bis 24 Monate dauert (Kap. 4). Die Belohnung ist nicht nur ein durch und durch leistungsstarkes Unternehmen: Was für den Menschen die bewundernden Blicke am Strand sind, ist für Unternehmen eine hervorragende Bewertung durch Banken, Partner und Ratingagenturen (Kap. 5). Mit einem wohldefinierten Unternehmens-Core ist es dann umso leichter, Kapitalgeber für zukünftige Vorhaben zu finden (Kap. 6). Wenn Sie bei der Vorbereitung eines Ratings Hilfe benötigen, ziehen Sie am besten einen Rating Advisor zurate. In Kap. 7 finden Sie Tipps und Hintergrundinformationen zu dieser Form der Beratung.

Wir wünschen Ihnen viel Erfolg!

Nürnberg
im Januar 2018

Sascha Kugler
Steffen Girmscheid

Inhaltsverzeichnis

1 Der Core-Sixpack-Test und der Financial BMI 1
   1.1 Eigenkapitalquote (Kapitalkraft) 3
   1.2 Schuldentilgungsdauer (Verschuldung) 6
   1.3 Gesamtkapitalrentabilität (auch Rendite oder
       Return on Investment [ROI] genannt) 8
   1.4 Cashflow in Prozent der Betriebsleistung
       (finanzielle Leistungsfähigkeit) 12
   1.5 Umsatzrentabilität 15
   1.6 Innenliegender Rationalisierungspuffer 18
   1.7 Das Ergebnis des Core-Sixpack-Tests 22
   Literatur 24

**2 Quick-Win-Core-Training: Kurzfristige
Sofortmaßnahmen aus eigener Kraft** 25
   2.1 Trainingsmethode 1: Kapital beschaffen 26
   2.2 Trainingsmethode 2: Kosten senken 30
   2.3 Trainingsmethode 3: Prozesse optimieren 32
   2.4 Ihr kurzfristiger Trainingsplan 37
   Literatur 38

**3 Power-Core-Training: Mittelfristig auf ein noch
höheres Niveau** 39
   3.1 Testfragen – qualitative Kriterien 42
   3.2 Auswertung 47

4	**Professional Core-Training: Langfristig gesund durch nachhaltig ausgelegte Maßnahmen**		53
	4.1 Die richtigen Leute für die langfristige Core-Stabilisierung auswählen		55
		4.1.1 Kick-off-Team	55
		4.1.2 Experten- und Projektteams	57
	4.2 Ist-Zustand analysieren		60
		4.2.1 Rechnungswesen: Finanzierungs-, Bilanz- und Erfolgskennzahlen ermitteln	60
		4.2.2 Persönliche Gespräche	62
		4.2.3 Betriebsbesichtigungen	64
		4.2.4 Speckröllchen-Suche: Optimierungspotenzial ausmachen	66
	4.3 Konzept für die langfristige Core-Verbesserung erstellen		71
		4.3.1 Trainingsmaßnahmen zusammenstellen	72
		4.3.2 Mehr als nur ein paar Trainingseinheiten: umfassende Core-Verbesserung	73
	Literatur		80
5	**Ratingbericht und Ratingdokumentation**		81
6	**Ansprache der Finanzierungspartner**		109
7	**Rating Advisory**		113
	7.1 Ratingberatung: Was ist das, und wann ist das sinnvoll?		113
	7.2 Der Beratungsprozess		114
	Literatur		117
8	**Schlusswort**		119
	8.1 Was Sie aus diesem Buch mitnehmen		119
	Literatur		121
9	**Alle wichtigen Kennzahlen – auf den Punkt erklärt**		123
	9.1 Kennzahlen zur Vermögenslage		123
	9.2 Kennzahlen zur Ertragslage		131
	9.3 Kennzahlen zur Finanzlage		139

Abkürzungsverzeichnis

AfA	Absetzung für Abnutzung
AK	Anschaffungskosten
AV	Anlagevermögen
BE	ordentliches Betriebsergebnis
EBIDA	Gewinn vor Zinsen, Abschreibungen auf Sachanlagen und Abschreibungen auf immaterielle Vermögensgegenstände (Earnings Before Interest, Depreciation and Amortization)
EBIT	operatives Ergebnis bzw. Gewinne vor Zinsen und Steuern (Earnings Before Interest and Taxes)
EBITDA	operativer Gewinn bzw. Gewinn vor Zinsen, Steuern, Abschreibungen auf Sachanlagen und Abschreibungen auf immaterielle Vermögensgegenstände (Earnings Before Interest, Taxes, Depreciation and Amortization)
EBT	Gewinn vor Steuern (Earnings Before Taxes)
EK	Eigenkapital
EVA	Wertsteigerung des Unternehmens in einem bestimmten Zeitraum (Economic Value Added)
FK	Fremdkapital
FuE	Forschung und Entwicklung
GuV	Gewinn- und Verlustrechnung
GV	Gesamtvermögen
HK	Herstellungskosten
LuL	Lieferungen und Leistungen
NOA	betriebsnotwendiges Vermögen (Net Operating Assets)
NOPAT	Betriebsergebnis nach Steuern, aber vor Zinsen (Net Operating Profit After Taxes)

RBW	Restbuchwert
RLZ	Restlaufzeit
ROCE	Return On Capital Employed
ROI	Return On Investment
RS	Restschulden
UV	Umlaufvermögen
VG	Vermögensgegenstand
VLL	Verbindlichkeiten aus Lieferungen und Leistungen
WACC	Weighted Average Cost of Capital

Der Core-Sixpack-Test und der Financial BMI   1

> **Zusammenfassung**
> **Was Sie aus diesem Kapitel mitnehmen:**
> Eine Einschätzung, wie es um Ihr Unternehmen wirtschaftlich steht sowie Informationen darüber, an welchen Stellen es noch Optimierungsbedarf gibt.

> **Was Sie aus diesem Kapitel mitnehmen**
> - eine Einschätzung, wie es um Ihr Unternehmen derzeit wirtschaftlich steht
> - Informationen darüber, an welchen Stellen es noch Optimierungsbedarf gibt
> - Erkenntnisse darüber, welche finanziellen Reserven Sie haben, die nicht in den Büchern auftauchen – durch die neu eingeführte Kennzahl „innenliegender Rationalisierungspuffer"

Es gibt viele verschiedene Methoden, um die wirtschaftliche Situation eines Unternehmens zu berechnen. Hierzu zählen die multiple Diskriminanzanalyse von Prof. Peter Kralicek, die als Insolvenzfrühwarnindikator dient, aber auch die bankeneigenen Ratingsysteme und die Systeme spezieller Ratingagenturen wie den „Big Three" aus den USA, Standard & Poor's, Moody's und Fitch. Als erste deutsche Ratingagentur wurde die Creditreform Rating im August 2009 von der BaFin als Ratingagentur für bankaufsichtliche Risikogewichtung nach

© Springer Fachmedien Wiesbaden GmbH, ein Teil von Springer Nature 2018
S. Kugler und S. Girmscheid, *Unternehmensfinanzierung und -rating mit System*, https://doi.org/10.1007/978-3-658-20638-3_1

Solvabilitätsverordnung und Basel II anerkannt (Vgl. Hohberger und Damlachi 2017, S. 429 f.).

Der in Deutschland, Österreich und der Schweiz sehr bekannte Ansatz ist der Creditreform Bonitätsindex, der anhand von statistischen Auswertungen Auskunft darüber gibt, wie hoch das Ausfallrisiko eines Unternehmens ist (Kap. 3). Die eben genannten Modelle erlauben dem Unternehmer wenig Einblick in die tatsächlichen Bewertungsmechanismen, denn sie sind meist „Betriebsgeheimnisse".

Wir möchten Ihnen daher unsere Methode vorstellen, die sich stärker auf die Möglichkeiten der aktiven Unternehmenssteuerung konzentriert: den Core-Test.

Anhand von nur sechs Kennzahlen können Sie damit selbst die Ist-Situation Ihres Unternehmens errechnen und auf einen einzigen Wert verdichten. Diesen Wert nennen wir den Financial Body-Mass-Index (Financial BMI). Wir könnten auch weitere Kennzahlen einbeziehen, das hätte dann aber keinen nennenswerten Einfluss auf das Analyseergebnis bzw. auf den Erkenntnisgewinn. Der Test baut auf dem Quick Check von Prof. Peter Kralicek (1991, S. 64 f.) auf, erweitert diesen aber um zwei Kennzahlen.

Zur Berechnung des Financial BMI Ihres Unternehmens werden die folgenden sechs (Teil-)Kennzahlen herangezogen:

1. **Eigenkapitalquote** – gibt Auskunft über die Kapitalkraft eines Unternehmens
2. **Schuldentilgungsdauer** – gibt Auskunft über die aktuelle Verschuldung eines Unternehmens
3. **Gesamtkapitalrentabilität** – gibt Auskunft über die Rendite eines Unternehmens
4. **Cashflow in Prozent der Betriebsleistung** – gibt Auskunft über die finanzielle Leistungsfähigkeit eines Unternehmens
5. **Umsatzrendite** – gibt Auskunft über die offiziell ausgewiesene Rendite eines Unternehmens
6. **innenliegender Rationalisierungspuffer** – gibt Auskunft über die vorhandene Reserve eines Unternehmens

Betrachten wir im Folgenden, was sich hinter den einzelnen Kennzahlen verbirgt und wie man sie berechnet.

1.1 Eigenkapitalquote (Kapitalkraft)

$$Eigenkapitalquote\ (in\ Prozent) = \frac{Eigenkapital}{Gesamtkapital\ (= Bilanzsumme)} \times 100$$

Die Eigenkapitalquote ist eine sehr beliebte betriebswirtschaftliche Kennzahl, die Auskunft über die Kapitalstruktur eines Unternehmens gibt.

Sie zeigt an, wie hoch der Anteil des Eigenkapitals am Gesamtkapital ist. Je höher die Eigenkapitalquote, umso höher sind die finanzielle Stabilität des Unternehmens und die Unabhängigkeit gegenüber Fremdkapitalgebern.

Die Eigenkapitalquote dient als Grundlage für Finanzierungsentscheidungen. Externe Wettbewerber, Kreditinstitute, andere Gläubiger, Ratingagenturen und Gesellschafter (Aktionäre) bewerten die Bonität eines Unternehmens bei hoher Eigenkapitalquote besser.

Gegenüber dem Eigenkapital hat Fremdkapital jedoch den Vorteil, steuerlich abzugsfähig zu sein. Daher ist in jedem Unternehmen ein gewisser Fremdkapitalanteil vorzufinden. „Mit steigendem Fremdkapitalanteil erhöht sich jedoch das Risiko einer Unternehmung, da die Zinslast zunimmt" (Schmidlin 2015, S. 51).

Die sinnvolle Eigenkapitalquote unterscheidet sich je nach Branche und Geschäftsmodell. Sie sollte nicht nur aus Risiko-, sondern auch aus Renditegesichtspunkten beurteilt werden, da Eigenkapital günstiger als Fremdkapital ist.

Die Eigenkapitalquote ist auch im Zeitvergleich in der Entwicklung über mehrere Jahre zu beurteilen.

Tab. 1.1 gibt Ihnen einen Überblick darüber, wie Sie die einzelnen Werte für die Berechnung der Eigenkapitalquote ermitteln.

> **Nun können Sie die Eigenkapitalquote Ihres Unternehmens errechnen**

Bewertung

Für die Bewertung der Eigenkapitalquote gelten folgende Richtlinien (vgl. Kralicek 1991):

Bewertungsschema Eigenkapitalquote

Beurteilungsschema	Sehr gut – 1	Gut – 2	Mittel – 3	Schlecht – 4	Insolvenzgefährdet – 5
Eigenkapitalquote	>30 %	20–30 %	10–20 %	0–10 %	< 0

Eine Eigenkapitalquote von 10–15 % gilt als akzeptabel. Sie sollten jedoch Branchenunterschiede beachten! Je höher die Anlagenintensität ist, umso höher sollte auch die Eigenkapitalquote sein. Fällt Ihr Ergebnis zu niedrig aus, sollten Sie unbedingt strategisch und operativ an der Verbesserung der Eigenkapitalquote arbeiten!

Tab. 1.1 Quelle der Eingabewerte: Eigenkapitalquote

Gewinnermittlungsmethode	Eigenkapital	Gesamtkapital
Bilanzierende Bestandsunternehmen	Wert kann der Bilanz entnommen werden. Laut Gabler Wirtschaftslexikon (o. J. a) stellt „das Eigenkapital im Gegensatz zum Fremdkapital jene Mittel, die von den Eigentümern einer Unternehmung zu deren Finanzierung aufgebracht oder als erwirtschafteter Gewinn im Unternehmen belassen wurden (Selbstfinanzierung)."	Wert kann der Bilanz entnommen werden. Das Gesamtkapital bildet als Summe aus Eigenkapital und Fremdkapital die Passivseite (Passiva) der Bilanz. Das Gesamtkapital bildet gleichzeitig auch die bilanziell bewertete Summe aller Vermögensgegenstände ab, da es wertmäßig der Vermögensseite (Aktivseite, Aktiva) der Bilanz entspricht
Einnahmenüberschussrechnung (EÜR)	Wert kann nicht der EÜR entnommen werden. Das Eigenkapital ergibt sich jedoch aus den nachrichtlichen Besitzposten (flüssige Mittel) abzüglich der nachrichtlichen Verbindlichkeiten gegenüber Kreditinstituten	Wert kann nicht der EÜR entnommen werden. Das Gesamtkapital versteht sich jedoch hier als größerer Wert aus den nachrichtlichen Besitzposten oder den nachrichtlichen Verbindlichkeiten

(Fortsetzung)

Tab. 1.1 (Fortsetzung)

Gewinnermittlungsmethode	Eigenkapital	Gesamtkapital
Planungsrechnung/Gründer	Wert kann der Planbilanz entnommen werden. Laut Gabler Wirtschaftslexikon (o. J. a) stellt „das Eigenkapital im Gegensatz zum Fremdkapital jene Mittel, die von den Eigentümern einer Unternehmung zu deren Finanzierung aufgebracht oder als erwirtschafteter Gewinn im Unternehmen belassen wurden (Selbstfinanzierung)."	Wert kann der Planbilanz entnommen werden. Die Planbilanzdaten basieren auf Annahmen aus der Vergangenheit und aus der Gegenwart für die Zukunft. Solche Annahmen können beispielsweise der Verschuldungsgrad (EK/FK) sein, um zu wissen, wie hoch der Fremdkapitalanteil der Gesellschaft durchschnittlich ist. Dabei werden die zukünftigen Werte anhand der jeweiligen Kapitalkosten diskontiert (abgezinst), um den heutigen Wert zu ermitteln. Dies geschieht deshalb, da das zukünftige Kapital durch die Verzinsung nicht dem Wert von „heute" entspricht. Für das Gesamtkapital gilt als Diskontierungsmaßstab der Gesamtkapitalzins, für das Fremdkapital der Fremdkapitalzins und für das Eigenkapital dementsprechend der Eigenkapitalzins. Das Gesamtkapital bildet als Summe aus Eigenkapital und Fremdkapital die Passivseite (Passiva) der Bilanz. Das Gesamtkapital bildet gleichzeitig auch die bilanziell bewertete Summe aller Vermögensgegenstände ab, da es wertmäßig der Vermögensseite (Aktivseite, Aktiva) der Bilanz entspricht

1.2 Schuldentilgungsdauer (Verschuldung)

$$Schuldentilgungsdauer = \frac{Fremdkapital ./. flüssige Mittel}{Cashflow} \times 100$$

Anhand dieser Kennzahl kann man den Verschuldungsgrad eines Unternehmens bestimmen. Die Schuldentilgungsdauer gibt an, wie lange ein Unternehmen zur Rückzahlung seiner derzeitigen Verpflichtungen/Darlehen/Fremdmittel bräuchte, falls der Cashflow[1] in Zukunft nur hierfür verwendet würde. Die Kennzahl gehört zu den wesentlichen Schuldenkennzahlen.

Je länger die Schuldentilgungsdauer, desto schwerer ist es für das Unternehmen, neue Kredite zu bekommen. Mit steigendem Verschuldungsgrad geht eine Erhöhung des Kreditrisikos für Gläubiger einher. Der Verschuldungsgrad informiert über die Fähigkeit, Verluste oder den kurzfristigen Entzug von Eigenkapital oder Fremdkapital durchzustehen. Durch die Aufnahme von Krediten erhöht sich der Verschuldungsgrad und damit auch das Risiko im Unternehmen und der Kapitalgeber. Je höher der Verschuldungsgrad, desto abhängiger wird ein Unternehmen von externen Gläubigern. Eine geringe Schuldentilgungsdauer ist als positiv zu werten, da sie auf geringe Inanspruchnahme von Fremdkapital und/oder auf eine hohe Ertragskraft zurückzuführen ist. Mit einem hohen Verschuldungsgrad geht meist auch ein hoher Zins- und Schuldendienstdeckungsgrad einher, weil Schulden Zins- und Tilgungszahlungen auslösen, die es zu finanzieren gilt.

Für die Berechnung der Kennzahl Schuldentilgungsdauer muss zunächst der Cashflow berechnet werden. Bei der Ermittlung des Cashflows, gehen Sie folgendermaßen vor:

Berechnung Cashflow

Jahresüberschuss (oder ggf. Jahresfehlbetrag)
+ Summe Abschreibungen im Geschäftsjahr
+ Summe Zuführung zu langfristigen Rückstellungen im Geschäftsjahr
./. Summe Auflösung/Verbrauch langfristiger Rückstellungen Vorjahre
= Cashflow

Nun benötigen Sie noch die die Werte „Fremdkapital" und „flüssige Mittel". Tab. 1.2 zeigt Ihnen, wo Sie die Werte ermitteln können.

---

[1]Es gibt mehrere Berechnungsmethoden für den Cashflow. Verbreitet ist die Ermittlung nach der sogenannten „indirekten Methode", die auch hier angewendet wird.

1.2 Schuldentilgungsdauer (Verschuldung)

Tab. 1.2 Quelle der Eingabewerte: Schuldentilgungsdauer

Gewinnermittlungsmethode	Fremdkapital	Flüssige Mittel
Bilanzierende Bestandsunternehmen	Wert kann der Bilanz entnommen werden. Unter Fremdkapital werden hierbei die auf der Passivseite ausgewiesenen Verbindlichkeiten und die Rückstellungen verstanden. Das Fremdkapital kann auch berechnet werden nach der Formel: Gesamtkapital (Bilanzsumme) ./. Eigenkapital	Wert kann der Bilanz entnommen werden. Das Gabler Wirtschaftslexikon (o. J. b) definiert flüssige Mittel wie folgt: „Bestand an Geld- und Vermögenswerten, die bei Bedarf in Geld gewandelt werden können (Liquidität). Zu den flüssigen Mitteln gehören: Kassenbestände, Bank- und Postgiroguthaben, Wechsel (soweit sie diskontfähig sind), Schecks und (börsengängige) Wertpapiere."
Einnahmenüberschussrechnung (EÜR)	Wert kann nicht der EÜR entnommen werden. Das Fremdkapital der Einnahmenüberschussrechner ergibt sich aus den nachrichtlichen Verbindlichkeiten der Schuldposten. In der Regel stellen sie die nachrichtlichen Verbindlichkeiten gegenüber Kreditinstituten dar	Wert kann nicht der EÜR entnommen werden. Das Gabler Wirtschaftslexikon (o. J. b) definiert flüssige Mittel wie folgt: „Bestand an Geld- und Vermögenswerten, die bei Bedarf in Geld gewandelt werden können (Liquidität). Zu den flüssigen Mitteln gehören: Kassenbestände, Bank- und Postgiroguthaben, Wechsel (soweit sie diskontfähig sind), Schecks und (börsengängige) Wertpapiere."
Planungsrechnung/Gründer	Wert kann der Planbilanz entnommen werden. Unter Fremdkapital werden hierbei die auf der Passivseite ausgewiesenen Verbindlichkeiten und die Rückstellungen verstanden. Das Fremdkapital kann auch berechnet werden nach der Formel: Gesamtkapital (Bilanzsumme) ./. Eigenkapital	Wert kann der Planbilanz entnommen werden. Das Gabler Wirtschaftslexikon (o. J. b) definiert flüssige Mittel wie folgt: „Bestand an Geld- und Vermögenswerten, die bei Bedarf in Geld gewandelt werden können (Liquidität). Zu den flüssigen Mitteln gehören: Kassenbestände, Bank- und Postgiroguthaben, Wechsel (soweit sie diskontfähig sind), Schecks und (börsengängige) Wertpapiere."

> **Nun können Sie die Schuldentilgungsdauer Ihres Unternehmens berechnen**

Bewertung

Für die Bewertung der Schuldentilgungsdauer gelten folgende Richtlinien (vgl. Kralicek 1991):

Bewertungsschema Schuldentilgungsdauer

Beurteilungsschema	Sehr gut – 1	Gut – 2	Mittel – 3	Schlecht – 4	Insolvenzgefährdet – 5
Schuldentilgungsdauer	<3 Jahre	3–5 Jahre	5–12 Jahre	12–30 Jahre	>30 Jahre

Fällt Ihr Ergebnis zu niedrig aus, sollten Sie unbedingt strategisch und operativ an der Reduktion der Schuldentilgungsdauer arbeiten! Es gilt dann das Primat der Schuldentilgung, denn die Schulden schränken Ihren Handlungsspielraum ein.

1.3 Gesamtkapitalrentabilität (auch Rendite oder Return on Investment [ROI] genannt)

$$Gesamtkapitalrentabilität = \frac{Betriebsergebnis + Fremdkapitalzinsen}{Gesamtkapital} \times 100$$

Die Gesamtkapitalrentabilität gibt die Verzinsung des gesamten in einem Unternehmen eingesetzten Kapitals an. Die Gesamtkapitalrentabilität gibt letztendlich Auskunft wie rentabel das gesamte im Unternehmen eingesetzte Kapital arbeitet. „Es werden daher die Fremdkapitalzinsen als Ertrag der Fremdkapitalgeber hinzugerechnet" (Schmidlin 2015, S. 46). Es gilt der Satz: Je höher die erzielte Gesamtkapitalrentabilität ist, desto effizienter wird das Kapital eingesetzt.

Für die Berechnung der Gesamtkapitalrentabilität müssen Sie zunächst Ihr ordentliches Betriebsergebnis, die Fremdkapitalzinsen und Ihr Gesamtkapital ermitteln. Das Gesamtkapital besteht aus Eigenkapital und Fremdkapital. Tab. 1.3

Tab. 1.3 Quelle der Eingabewerte: Gesamtkapitalrentabilität

Gewinnermittlungsmethode	Ordentliches Betriebsergebnis	Fremdkapitalzinsen	Gesamtkapital
Bilanzierende Bestandsunternehmen	Wert kann der Gewinn- und Verlustrechnung entnommen werden, oder er ist zu ermitteln aus den Daten der Gewinn- und Verlustrechnung, bereinigt um außergewöhnliche Effekte, welche im ordentlichen Betriebsergebnis enthalten sind. Das ordentliche Betriebsergebnis, auch als operatives Ergebnis bezeichnet, wird nach deutschem Handelsbilanzrecht wie folgt definiert und ermittelt: Das Betriebsergebnis der gewöhnlichen Geschäftstätigkeit ist eine betriebswirtschaftliche Kennzahl, die den in einer Rechnungsperiode (Monat, Quartal, Jahr) erzielten Erfolg eines Unternehmens in dessen Kerngeschäft ausdrückt. In der externen Rechnungslegung ist dies der um außerordentliche und aperiodische Einflüsse sowie das Finanzergebnis bereinigte Periodenerfolg. Im internen Rechnungswesen (Kosten- und Leistungsrechnung) ergibt sich das ordentliche Betriebsergebnis als Differenz zwischen Leistungen und Kosten. Es werden Gewinn-/Verlustvortrag, Entnahmen und Einstellungen aus/in offene(n) Rücklagen nicht berücksichtigt	Bitte entnehmen Sie den Betrag der GuV oder der Bilanz für die Vergangenheit (oder für die Zukunft der Planungsrechnung). Fremdkapitalzinsen sind die für das Fremdkapital eines Unternehmens zu leistenden Zinsen. Darunter fallen z. B. Zinsen für Bankkredite, Anleihen oder Schuldscheindarlehen. Die Fremdkapitalzinsen werden in der Gewinn- und Verlustrechnung des Unternehmens im GuV-Posten „Zinsen und ähnliche Aufwendungen" verbucht und mindern den zu versteuernden Gewinn	Wert kann der Bilanz entnommen werden. Das Gesamtkapital bildet als Summe aus Eigenkapital und Fremdkapital die Passivseite (Passiva) der Bilanz. Das Gesamtkapital bildet gleichzeitig auch die bilanziell bewertete Summe aller Vermögensgegenstände ab, da es wertmäßig der Vermögensseite (Aktivseite, Aktiva) der Bilanz entspricht

(Fortsetzung)

Tab. 1.3 (Fortsetzung)

Gewinnermittlungsmethode	Ordentliches Betriebsergebnis	Fremdkapitalzinsen	Gesamtkapital
Einnahmenüberschussrechnung (EÜR)	Wert kann nicht direkt aus der EÜR abgelesen werden. Er ist jedoch aus den dem Unternehmen zugrunde liegenden Daten der EÜR zu ermitteln, bereinigt um außergewöhnliche Effekte, welche im Überschuss enthalten sind. Das ordentliche Betriebsergebnis, auch als operatives Ergebnis bezeichnet, wird nach deutschem Handelsbilanzrecht wie folgt definiert und ermittelt: Das Betriebsergebnis der gewöhnlichen Geschäftstätigkeit ist eine betriebswirtschaftliche Kennzahl, die den in einer Rechnungsperiode (Monat, Quartal, Jahr) erzielten Erfolg eines Unternehmens in dessen Kerngeschäft ausdrückt	Bitte entnehmen Sie den Betrag der EÜR oder dem jeweiligen Darlehensvertrag für die Vergangenheit oder für die Zukunft der Planungsrechnung und dem Darlehensvertrag. Fremdkapitalzinsen sind die für das Fremdkapital eines Unternehmens zu leistenden Zinsen. Darunter fallen z. B. Zinsen für Bankkredite, Anleihen oder Schuldscheindarlehen. Die Fremdkapitalzinsen werden in der EÜR verbucht und mindern den zu versteuernden Gewinn	Wert kann nicht aus der EÜR ermittelt werden. Das Gesamtkapital versteht sich jedoch hier als größerer Wert aus den nachrichtlichen Besitzposten oder den nachrichtlichen Verbindlichkeiten

(Fortsetzung)

1.3 Gesamtkapitalrentabilität ...

Tab. 1.3 (Fortsetzung)

Gewinnermittlungsmethode	Ordentliches Betriebsergebnis	Fremdkapitalzinsen	Gesamtkapital
Planungsrechnung/Gründer	Wert kann der Plan-GuV entnommen werden, oder er ist zu ermitteln aus den Daten der Gewinn- und Verlustrechnung, bereinigt um außergewöhnliche Effekte, welche im ordentlichen Betriebsergebnis enthalten sind. Das ordentliche Betriebsergebnis, auch als operatives Ergebnis bezeichnet, wird nach deutschem Handelsbilanzrecht wie folgt definiert und ermittelt: Das Betriebsergebnis der gewöhnlichen Geschäftstätigkeit ist eine betriebswirtschaftliche Kennzahl, die den in einer Rechnungsperiode (Monat, Quartal, Jahr) erzielten Erfolg eines Unternehmens in dessen Kerngeschäft ausdrückt. In der externen Rechnungslegung ist dies der um außerordentliche und aperiodische Einflüsse sowie das Finanzergebnis bereinigte Periodenerfolg. Im internen Rechnungswesen (Kosten- und Leistungsrechnung) ergibt sich das ordentliche Betriebsergebnis als Differenz zwischen Leistungen und Kosten. Es werden Gewinn-/Verlustvortrag, Entnahmen und Einstellungen aus/in offene(n) Rücklagen nicht berücksichtigt	Bitte entnehmen Sie den Betrag der Plan-GuV oder der Planungsrechnung. Fremdkapitalzinsen sind die für das Fremdkapital eines Unternehmens zu leistenden Zinsen. Darunter fallen z. B. Zinsen für Bankkredite, Anleihen oder Schuldscheindarlehen. Die Fremdkapitalzinsen werden in der Gewinn- und Verlustrechnung des Unternehmens im GuV-Posten „Zinsen und ähnliche Aufwendungen" verbucht und mindern den zu versteuernden Gewinn	Wert kann der Planbilanz entnommen werden. Die Planbilanzdaten basieren auf Annahmen aus der Vergangenheit und aus der Gegenwart für die Zukunft. Solche Annahmen können beispielsweise der Verschuldungsgrad (EK/FK) sein, um zu wissen, wie hoch der Fremdkapitalanteil der Gesellschaft durchschnittlich ist. Dabei werden die zukünftigen Werte anhand der jeweiligen Kapitalkosten diskontiert (abgezinst), um den heutigen Wert zu ermitteln. Dies geschieht deshalb, da das zukünftige Kapital durch die Verzinsung nicht dem Wert von „heute" entspricht. Für das Gesamtkapital gilt als Diskontierungsmaßstab der Gesamtkapitalzins, für das Fremdkapital der Fremdkapitalzins und für das Eigenkapital dementsprechend der Eigenkapitalzins. Das Gesamtkapital bildet als Summe aus Eigenkapital und Fremdkapital die Passivseite (Passiva) der Planbilanz. Das Gesamtkapital bildet gleichzeitig auch die bilanziell bewertete Summe aller Vermögensgegenstände ab, da es wertmäßig der Vermögensseite (Aktivseite, Aktiva) der Planbilanz entspricht

gibt Ihnen einen Überblick darüber, wo Sie die entsprechenden Werte nachschlagen können.

> **Nun können Sie die Gesamtkapitalrentabilität Ihres Unternehmens errechnen**

Bewertung

Für die Bewertung der Gesamtkapitalrentabilität gelten folgende Richtlinien (vgl. Kralicek 1991):

Bewertungsschema Gesamtkapitalrentabilität

Beurteilungsschema	Sehr gut – 1	Gut – 2	Mittel – 3	Schlecht – 4	Insolvenzgefährdet – 5
Gesamtkapitalrentabilität	>15 %	12–15 %	8–12 %	0–8 %	<0

Fällt Ihr Ergebnis zu niedrig aus, sollten Sie unbedingt strategisch und operativ an der Verbesserung der Gesamtkapitalrentabilität arbeiten!

1.4 Cashflow in Prozent der Betriebsleistung (finanzielle Leistungsfähigkeit)

$$Cashflow\ zu\ Betriebsleistung = \frac{Cashflow}{Betriebsleistung} \times 100$$

Um die finanzielle Leistungsfähigkeit Ihres Unternehmens abschätzen zu können, ist es sinnvoll, den Cashflow in Prozent der Betriebsleistung zu ermitteln. Das Verhältnis des Cashflows aus dem Ergebnis zum erzielten Umsatz (erweitert um Bestandsveränderungen zur Betriebsleistung) gibt Aufschluss über die finanzielle Leistungsfähigkeit des Unternehmens. Dieser Betrag steht im Wesentlichen für Investitionen, Schuldentilgung und Gewinnausschüttung zur Verfügung. Der Cashflow in Prozent der Betriebsleistung ist eine wichtige Rating-Kennzahl.

1.4 Cashflow in Prozent der ...

Den Cashflow haben Sie bereits bei der Ermittlung der Schuldentilgungsdauer berechnet (Abschn. 1.2). Die Betriebsleistung umfasst neben den Umsatzerlösen auch die Bestandsveränderung bei den fertigen und noch unfertigen Erzeugnissen bzw. Leistungen:

Berechnung Betriebsleistung
Umsatzerlöse
+/./. Bestandsveränderung durch (un)fertige Erzeugnisse/Leistungen
+ andere aktivierte Eigenleistungen
= Betriebsleistung

Woher Sie den Wert „Umsatzerlöse" beziehen, zeigt Ihnen Tab. 1.4.

> **Nun können Sie den Cashflow in Prozent der Betriebsleistung für Ihr Unternehmen errechnen**

Bewertung
Für die Bewertung des Cashflows in Prozent der Betriebsleistung gelten folgende Richtlinien (vgl. Kralicek 1991):

Bewertungsschema Cashflow in Prozent der Betriebsleistung

Beurteilungsschema	Sehr gut – 1	Gut – 2	Mittel – 3	Schlecht – 4	Insolvenzgefährdet – 5
Cashflow in Prozent der Betriebsleistung	>10 %	8–10 %	5–8 %	0–5 %	<0 %

Fällt Ihr Ergebnis zu niedrig aus, sollten Sie unbedingt strategisch und operativ an der Verbesserung der finanziellen Leistungsfähigkeit arbeiten!

Tab. 1.4 Quelle der Eingabewerte: Cashflow in Prozent der Betriebsleistung

Gewinnermittlungsmethode	Umsatzerlöse
Bilanzierende Bestandsunternehmen	Bitte ermitteln Sie den Betrag aus der GuV. Wenn Sie den Wert für die Vergangenheit berechnen möchten, entnehmen Sie ihn der Bilanz; für die Zukunft können Sie ihn aus der Planungsrechnung ermitteln. Gemäß Gabler Wirtschaftslexikon (o. J. c) sind die Umsatzerlöse: „erster Ertragsposten der Gewinn- und Verlustrechnung (GuV) nach § 275 HGB (für Kapitalgesellschaften). Erlöse aus Verkauf, Vermietung oder Verpachtung von typischen Produkten, Waren und Dienstleistungen im Rahmen des gewöhnlichen Geschäftsverkehrs nach Abzug von Erlösschmälerungen und Umsatzsteuer." Diese Kennzahl wird umgangssprachlich oft als „Umsatz" bezeichnet
Einnahmenüberschussrechnung (EÜR)	Bitte entnehmen Sie den Betrag der EÜR nach § 4 Abs. 3 EStG für die Vergangenheit. Für die Zukunft können Sie den Wert aus der Planungsrechnung ermitteln. In Anlehnung an das Gabler Wirtschaftslexikon (o. J. c) besteht der vereinnahmte Umsatz aus den „Erlösen aus Verkauf, Vermietung oder Verpachtung von typischen Produkten, Waren und Dienstleistungen im Rahmen des gewöhnlichen Geschäftsverkehrs nach Abzug von Erlösschmälerungen und Umsatzsteuer." Umsätze gelten dann als vereinnahmte Entgelte, wenn diese nach § 11 Abs. 1 S. 1 EStG dem Unternehmer zugeflossen sind
Planungsrechnung/Gründer	Bitte entnehmen Sie den Betrag der Plan-GuV oder der Planungsrechnung. Gemäß Gabler Wirtschaftslexikon (o. J. c) sind die Umsatzerlöse: „erster Ertragsposten der Gewinn- und Verlustrechnung (GuV) nach § 275 HGB (für Kapitalgesellschaften). Erlöse aus Verkauf, Vermietung oder Verpachtung von typischen Produkten, Waren und Dienstleistungen im Rahmen des gewöhnlichen Geschäftsverkehrs nach Abzug von Erlösschmälerungen und Umsatzsteuer." Diese Kennzahl wird umgangssprachlich oft als „Umsatz" bezeichnet

1.5 Umsatzrentabilität

$$\text{Umsatzrentabilität (in Prozent)} = \frac{\text{ordentliches Betriebsergebnis}}{\text{Umsatzerlöse}} \times 100$$

Die **Umsatzrentabilität** gibt den Anteil der Umsatzerlöse an, den das Unternehmen aus der operativen Tätigkeit (Umsatztätigkeit) als Gewinn bzw. (bei negativem Kennzahlenwert) als Verlust erzielt hat. Einfacher gesagt: „Die Umsatzrentabilität gibt an, wie viel Cent Gewinn durch einen Euro an Umsatz erwirtschaftet werden" (Schmidlin 2015, S. 42). Die Kennzahl sollte sowohl in ihrer Entwicklung im Zeitverlauf (Zeitvergleich) als auch mit den Kennzahlenwerten von Konkurrenten und/oder branchenzugehöriger Unternehmen (Betriebsvergleich) verglichen werden. Insbesondere bei Unternehmen mit marktbeherrschenden Positionierungen (z. B. Apple im Jahr 2017) sind hohe Umsatzrenditen vorzufinden. Im Massengütermarkt und bei Händlern liegen meist kleine Umsatzrenditen vor. Bei inhabergeführten KMU sind die offiziell ausgewiesenen Umsatzrenditen oft niedrig.

Tab. 1.5 gibt einen Überblick darüber, woher Sie die Eingabewerte beziehen.

Nun können Sie die Umsatzrentabilität Ihres Unternehmens errechnen

Bewertung
Für die Bewertung der Umsatzrentabilität gelten folgende Richtlinien:

Bewertungsschema Umsatzrentabilität

Beurteilungsschema	Sehr gut – 1	Gut – 2	Mittel – 3	Schlecht – 4	Insolvenzgefährdet – 5
Umsatzrentabilität	>10 %	8–10 %	5–8 %	0–5 %	<0 %

Fällt Ihr Ergebnis zu niedrig aus, sollten Sie unbedingt strategisch und operativ an der Verbesserung der Umsatzrentabilität arbeiten!

Tab. 1.5 Quelle der Eingabewerte: Umsatzrentabilität

Gewinnermittlungsmethode	Ordentliches Betriebsergebnis	Umsatzerlöse
Bilanzierende Bestandsunternehmen	Wert kann der Gewinn- und Verlustrechnung entnommen werden, oder er ist zu ermitteln aus den Daten der Gewinn- und Verlustrechnung, bereinigt um außergewöhnliche Effekte, welche im ordentlichen Betriebsergebnis enthalten sind. Das ordentliche Betriebsergebnis, auch als operatives Ergebnis bezeichnet, wird nach deutschem Handelsbilanzrecht wie folgt definiert und ermittelt: Das Betriebsergebnis der gewöhnlichen Geschäftstätigkeit ist eine betriebswirtschaftliche Kennzahl, die den in einer Rechnungsperiode (Monat, Quartal, Jahr) erzielten Erfolg eines Unternehmens in dessen Kerngeschäft ausdrückt. In der externen Rechnungslegung ist dies ein außerordentliche und aperiodische Einflüsse sowie das Finanzergebnis bereinigte Periodenerfolg. Im internen Rechnungswesen (Kosten- und Leistungsrechnung) ergibt sich das ordentliche Betriebsergebnis als Differenz zwischen Leistungen und Kosten. Es werden Gewinn-/Verlustvortrag, Entnahmen und Einstellungen aus/in offene(n) Rücklagen nicht berücksichtigt	Bitte ermitteln Sie den Betrag aus der GuV. Wenn Sie den Wert für die Vergangenheit berechnen möchten, entnehmen Sie ihn der Bilanz, für die Zukunft können Sie ihn aus der Planungsrechnung ermitteln. Gemäß Gabler Wirtschaftslexikon (o. J. c) sind die Umsatzerlöse: „erster Ertragsposten der Gewinn- und Verlustrechnung (GuV) nach § 275 HGB (für Kapitalgesellschaften). Erlöse aus Verkauf, Vermietung oder Verpachtung von typischen Produkten, Waren und Dienstleistungen im Rahmen des gewöhnlichen Geschäftsverkehrs nach Abzug von Erlösschmälerungen und Umsatzsteuer." Diese Kennzahl wird umgangssprachlich oft als „Umsatz" bezeichnet

(Fortsetzung)

1.5 Umsatzrentabilität

Tab. 1.5 (Fortsetzung)

Gewinnermittlungsmethode	Ordentliches Betriebsergebnis	Umsatzerlöse
Einnahmenüberschussrechnung (EÜR)	Wert kann nicht direkt aus der EÜR abgelesen werden. Er ist jedoch aus den dem Unternehmen zugrunde liegenden Daten der EÜR zu ermitteln, bereinigt um außergewöhnliche Effekte, welche im Überschuss enthalten sind. Das ordentliche Betriebsergebnis, auch als operatives Ergebnis bezeichnet, wird nach deutschem Handelsbilanzrecht wie folgt definiert und ermittelt: Das Betriebsergebnis der gewöhnlichen Geschäftstätigkeit ist eine betriebswirtschaftliche Kennzahl, die den in einer Rechnungsperiode (Monat, Quartal, Jahr) erzielten Erfolg eines Unternehmens in dessen Kerngeschäft ausdrückt	Bitte entnehmen Sie den Betrag der EÜR nach § 4 Abs. 3 EStG für die Vergangenheit. Für die Zukunft können Sie den Wert aus der Planungsrechnung ermitteln. In Anlehnung an das Gabler Wirtschaftslexikon (o. J. c) besteht der vereinnahmte Umsatz aus den „Erlösen aus Verkauf, Vermietung oder Verpachtung von typischen Produkten, Waren und Dienstleistungen im Rahmen des gewöhnlichen Geschäftsverkehrs nach Abzug von Erlösschmälerungen und Umsatzsteuer." Umsätze gelten dann als vereinnahmte Entgelte, wenn diese nach § 11 Abs. 1 S. 1 EStG dem Unternehmer zugeflossen sind
Planungsrechnung/ Gründer	Wert kann der Plan-GuV entnommen werden, oder er ist zu ermitteln aus den Daten der Gewinn- und Verlustrechnung, bereinigt um außergewöhnliche Effekte, welche im ordentlichen Betriebsergebnis enthalten sind. Das ordentliche Betriebsergebnis, auch als operatives Ergebnis bezeichnet, wird nach deutschem Handelsbilanzrecht wie folgt definiert und ermittelt: Das Betriebsergebnis der gewöhnlichen Geschäftstätigkeit ist eine betriebswirtschaftliche Kennzahl, die den in einer Rechnungsperiode (Monat, Quartal, Jahr) erzielten Erfolg eines Unternehmens in dessen Kerngeschäft ausdrückt. In der externen Rechnungslegung ist dies der um außerordentliche und aperiodische Einflüsse sowie das Finanzergebnis bereinigte Periodenerfolg. Im internen Rechnungswesen (Kosten- und Leistungsrechnung) ergibt sich das ordentliche Betriebsergebnis als Differenz zwischen Leistungen und Kosten. Es werden Gewinn-/Verlustvortrag, Entnahmen und Einstellungen aus/in offene(n) Rücklagen nicht berücksichtigt	Bitte entnehmen Sie den Betrag der Plan-GuV oder der Planungsrechnung. Gemäß Gabler Wirtschaftslexikon (o. J. c) sind die Umsatzerlöse: „erster Ertragsposten der Gewinn- und Verlustrechnung (GuV) nach § 275 HGB (für Kapitalgesellschaften). Erlöse aus Verkauf, Vermietung oder Verpachtung von typischen Produkten, Waren und Dienstleistungen im Rahmen des gewöhnlichen Geschäftsverkehrs nach Abzug von Erlösschmälerungen und Umsatzsteuer." Diese Kennzahl wird umgangssprachlich oft als „Umsatz" bezeichnet

1.6 Innenliegender Rationalisierungspuffer

Innenliegender Ratiopuffer = (Ratiopuffer ./. Umsatz) x 100

Die bisherigen Kennzahlen zeigen das Dilemma des Inhabers bzw. geschäftsführenden Mehrheitsgesellschafters eines kleinen oder mittleren Unternehmens. Auf der einen Seite soll das Unternehmen so stark wie möglich sein, was eine hohe Eigenkapitalausstattung und zum Aufbau des Eigenkapitals eine gute Rendite erfordert, auf der anderen Seite ist Fremdkapital notwendig und meist auch günstiger als Eigenkapital. Zudem will der Inhaber/geschäftsführende Mehrheitsgesellschafter auch gewisse Annehmlichkeiten im Unternehmensalltag haben und sich privat steuerlich optimieren.

Werden diese Punkte nicht erfasst, wäre das Bild der eigentlichen wirtschaftlichen Leistungsfähigkeit verzerrt.

Um Ihren Financial BMI möglichst genau zu bestimmen, haben wir daher die Kennzahl „innenliegender Rationalisierungspuffer" (Ratiopuffer) in den Core-Sixpack-Test eingeführt. Die meisten inhabergeführten und -dominierten Unternehmen verfügen über ein zusätzliches Leistungspotenzial, das aus Steuergründen meist „versteckt" wird. Dazu gehören zusätzliche Gehälter an Familienmitglieder, deutlich höhere Einkommen der Geschäftsführer im Gegensatz zur Fremdbestellung, Ausgaben für Reisen u. v. m.

Diese Leistungen verschleiern die wirtschaftliche Leitungsfähigkeit des Unternehmens, sind aber gewollt. Sie könnten im Notfall zur Schuldentilgung oder zur Verbesserung der Rentabilität herangezogen werden. Deshalb sind sie für die Ermittlung des Financial BMI wichtig.

Durch Zahlungen, die von der Gesellschaft an den Unternehmer (und gegebenenfalls dessen Angehörige) geleistet werden, findet eine „Gewinnverschiebung" vom gesellschaftlichen Bereich in den privaten Bereich statt. Dies kann – wie bereits geschildert – durch Gehaltszahlungen, Tantiemen oder auch Sachzuwendungen wie Firmenwagen geschehen. Im umgekehrten Fall findet eine Liquiditätsverschleierung statt, wenn beispielsweise der Unternehmer der Gesellschaft laufende Kredite gewährt, die dem Unternehmen die Liquidität sichern. Auch durch die Nutzung privater Gegenstände (wie zum Beispiel des privaten Pkws des Unternehmers oder die private Garage als Lagerraum) des Unternehmers in der Gesellschaft kommt es hier zu einem geringeren Substanzverlust von Gesellschaftsvermögen.

1.6 Innenliegender Rationalisierungspuffer

Steuerlich problematisch bei Kapitalgesellschaften sind die verdeckten Gewinnausschüttungen an den Gesellschafter. Verdeckte Gewinnausschüttungen sind Vermögensminderungen oder verhinderte Vermögensmehrungen, die durch das Gesellschaftsverhältnis veranlasst sind, sich auf die Höhe des Einkommens auswirken und keine offenen Gewinnausschüttungen darstellen. Verdeckte Gewinnausschüttungen sind zum Beispiel zinslose Darlehen der Gesellschaft an den Gesellschafter (verhinderte Vermögensmehrung auf Gesellschaftsebene) oder zu hohe Geschäftsführergehälter im Vergleich zu einem Dritten (Vermögensminderung auf Gesellschaftsebene). Diese verdeckten Gewinnausschüttungen dürfen dann nicht als Betriebsausgaben steuerlich geltend gemacht werden, und werden in der Gewinnermittlung gewinnerhöhend hinzugerechnet.

Auf der anderen Seite sind verdeckte Einlagen an Kapitalgesellschaften steuerlich zu korrigieren. Verdeckte Einlagen sind Zuwendungen eines einlagefähigen Vermögensvorteils durch den Gesellschafter (oder eine ihm nahestehende Person), wenn die Zuwendung durch das Gesellschaftsverhältnis begründet ist. Der entstehende Vermögensvorteil kann hier entweder eine Erhöhung der Vermögensgegenstände oder eine Verringerung der Schulden sein. Steuerliche Konsequenz ist, dass die verdeckte Einlage das Einkommen der Gesellschaft nicht erhöht und dementsprechend vom Einkommen abgezogen wird.

Zu beachten ist jedoch, dass der Rationalisierungspuffer dann wenig Aussagekraft hat, wenn die anfallenden Kosten einem Fremdvergleich standhalten würden. Das bedeutet, dass eine Zahlung dann fremdvergleichskonform ist, wenn beispielsweise die an den Gesellschafter gezahlte Vergütung in der Höhe ebenfalls an einen fremden Dritten gezahlt worden wäre.

Als Grundregel gilt: Es können nur Beträge dem Rationalisierungspuffer hinzugerechnet werden, die ohne eine andere Person um Erlaubnis fragen zu müssen und die ohne Auswirkung auf die Leistungsfähigkeit ersatzlos gestrichen werden können.

Die möglichen Rationalisierungen müssten innerhalb von drei Monaten realisierbar sein. Dazu zählen beispielsweise die angestellte, aber nicht im Unternehmen arbeitende Ehefrau, der Bezug von Zeitschriften und andere Transferleistungen etc. In Tab. 1.6 können Sie die Herkunft der Umsatzwerte für die Berechnung der Kennziffer ersehen.

Addiert mit dem aktuellen oder tatsächlichen Cashflow, ergibt sich dann der **potenzielle Cashflow.** Wird die Rendite, die durch den Rationalisierungspuffer zusätzlich möglich wird, mit der ausgewiesenen Umsatzrendite addiert, erhalten Sie die wahre Renditeleistung.

Tab. 1.6 Quelle der Eingabewerte: innenliegender Rationalisierungspuffer

Gewinnermittlungsmethode	Umsatz	Rationalisierungspuffer
Bilanzierende Bestandsunternehmen	Bitte ermitteln Sie den Betrag aus der GuV. Wenn Sie den Wert für die Vergangenheit berechnen möchten, entnehmen Sie ihn aus der Bilanz; für die Zukunft können Sie ihn aus der Planungsrechnung ermitteln. Gemäß Gabler Wirtschaftslexikon (o. J. c) sind die Umsatzerlöse: „erster Ertragsposten der Gewinn- und Verlustrechnung (GuV) nach § 275 HGB (für Kapitalgesellschaften). Erlöse aus Verkauf, Vermietung oder Verpachtung von typischen Produkten, Waren und Dienstleistungen im Rahmen des gewöhnlichen Geschäftsverkehrs nach Abzug von Erlösschmälerungen und Umsatzsteuer." Diese Kennzahl wird umgangssprachlich oft als „Umsatz" bezeichnet	Eigene Auflistung
Einnahmenüberschussrechnung (EÜR)	Bitte entnehmen Sie den Betrag der EÜR nach § 4 Abs. 3 EStG für die Vergangenheit. Für die Zukunft können Sie den Wert aus der Planungsrechnung ermitteln. In Anlehnung an das Gabler Wirtschaftslexikon (o. J. c) versteht sich der vereinnahmte Umsatz aus den „Erlösen aus Verkauf, Vermietung oder Verpachtung von typischen Produkten, Waren und Dienstleistungen im Rahmen des gewöhnlichen Geschäftsverkehrs nach Abzug von Erlösschmälerungen und Umsatzsteuer." Umsätze gelten dann als vereinnahmte Entgelte, wenn diese nach § 11 Abs. 1 S. 1 EStG dem Unternehmer zugeflossen sind	Eigene Auflistung

(Fortsetzung)

Tab. 1.6 (Fortsetzung)

Gewinnermittlungsmethode	Umsatz	Rationalisierungspuffer
Planungsrechnung/Gründer	Bitte entnehmen Sie den Betrag der Plan-GuV oder der Planungsrechnung. Gemäß Gabler Wirtschaftslexikon (o. J. c) sind die Umsatzerlöse: „erster Ertragsposten der Gewinn- und Verlustrechnung (GuV) nach § 275 HGB (für Kapitalgesellschaften). Erlöse aus Verkauf, Vermietung oder Verpachtung von typischen Produkten, Waren und Dienstleistungen im Rahmen des gewöhnlichen Geschäftsverkehrs nach Abzug von Erlösschmälerungen und Umsatzsteuer."	Eigene Auflistung

> Nun können Sie den innenliegenden Rationalisierungspuffer Ihres Unternehmens errechnen

Bewertung
Für die Bewertung des innenliegenden Rationalisierungspuffers gelten folgende Richtlinien:

Bewertungsschema innenliegender Rationalisierungspuffer

Beurteilungsschema	Sehr gut – 1	Gut – 2	Mittel – 3	Schlecht – 4	Insolvenzgefährdet – 5
Ratiopuffer	>10 %	8–10 %	5–8 %	0–5 %	0 %

Fällt Ihr Ergebnis zu niedrig aus, sollten Sie unbedingt strategisch und operativ an der Erweiterung Ihres Rationalisierungspuffers arbeiten! Sie können zum kurzfristigen Schuldenabbau den Rationalisierungspuffer für eine gewisse Zeit vollends ausschöpfen; doch das Unternehmen sollte langfristig so geführt werden, dass immer ein Rationalisierungspuffer von mindestens 5 %, besser 10 % vorhanden ist, der in Notfällen aktivierbar wäre.

1.7 Das Ergebnis des Core-Sixpack-Tests

Sobald Sie alle Kennziffern errechnet haben, können Sie diese in Tab. 1.7 eingeben und den Financial BMI Ihres Unternehmens errechnen. Dieser Wert verdichtet alle Aspekte der Teilkennziffern in einen aussagekräftigen Wert, eine Art Schulnote für die geleistete Arbeit in der Unternehmensführung. Dieser Wert ist die objektive Wahrheit und kann nicht leichtfertig unbeachtet bleiben, denn jeder Externe, der Ihr Unternehmen prüft, wird zu demselben Schluss kommen. Je schlechter der Wert ausfällt, umso schwieriger wird die Aufnahme von Darlehen und umso kritischer werden Marktteilnehmer sie beurteilen.

Die Bewertung erfolgt nach diesem Schema
Notieren Sie pro Kennzahl Ihre Note (1–5), und addieren diese zu einem Wert. Dieser Wert wird dann durch 6 geteilt. Daraus ergibt sich Ihr Financial BMI.

1.7 Das Ergebnis des Core-Sixpack-Tests

Tab. 1.7 Auswertung Ihres Financial BMI

Kennzahl/ Beurteilungsschema	Sehr gut –1	Gut – 2	Mittel – 3	Schlecht – 4	Insolvenzgefährdet – 5	Meine Note
Eigenkapitalquote	>30 %	>20 %	>10 %	<10 %	Negativ	
Schuldentilgungsdauer	<3 Jahre	<5 Jahre	<12 Jahre	<30 Jahre	>30 Jahre	
Gesamtkapitalrentabilität	>15 %	>12 %	>8 %	<8 %	Negativ	
Cashflow in Prozent der Betriebsleistung	>10 %	>8 %	>5 %	<5 %	Negativ	
Umsatzrendite	>10 %	>8 %	>5 %	<5 %	Negativ	
Rationalisierungspuffer	>10 %	>8 %	>5 %	<5 %	0 %	
Gesamtergebnis (Summe der Noten, dividiert durch 6)						

Nun haben Sie Ihr Ergebnis des Core-Tests. Sie kennen Ihr Fitnesslevel, wissen, wo Sie bereits dem Ziel ganz nahe sind – es womöglich schon erreicht haben – und an welcher Stelle Sie durch gezieltes Training noch fitter werden könnten.

Die sechs Kennzahlen, verdichtet in eine Schulnote des Core-Tests, haben einen entscheidenden Vorteil: Sie ermöglichen eine unkomplizierte Beurteilung der finanziellen Lage eines Unternehmens. Sie erkennen schnell, wie fit Ihr Unternehmen ist. Er eignet sich gut als Basis für einen langfristigen Core-Stabilisierungsprozess.

Doch Kennzahlen sind nur so gut wie der zugrunde liegende Jahresabschluss. Buchungsfehler und das Ausnutzen von Schätzspielräumen können die Aussage verzerren. Außerdem sind alle Bilanzkennzahlen stichtagsbezogen. Ein großer Zahlungseingang vor dem Stichtag und eine Verzögerung der Zahlungen bis nach dem Stichtag lassen die flüssigen Mittel steigen und die Schuldentilgungsdauer sinken – ohne, dass sich die Finanzlage des Unternehmens tatsächlich verbessert hätte.

Sie können nun in Kap. 2 direkt mit der gezielten Stärkung Ihres Unternehmens-Cores beginnen, prüfen Sie jedoch vorab, wie es um Ihre „offizielle" Kreditwürdigkeit steht. Der Finanzierungscheck in Kap. 3. stellt sozusagen eine Ergänzung zum Body-Mass-Index Ihres Unternehmens dar. Wie ein geeigneter langfristiger Trainingsplan für Sie aussehen könnte, erfahren Sie in Kap. 4.

Ihr Transfer in die Praxis
Ein Core-Sixpack-Test sollte nicht für sich alleine genommen werden. Er ist aber ein guter Ausgangspunkt für einen Trainingsplan, den Sie immer wieder an Ihre unternehmerische Fitness anpassen sollten. Beobachten Sie die Kennzahlen über einen gewissen Zeitraum. Denn dann lassen sich Entwicklungen erkennen.

Literatur

Verwendete Literatur

Gabler Wirtschaftslexikon. http://wirtschaftslexikon.gabler.de/Definition/eigenkapital.html (o. J. a). Zugegriffen: 15. Nov. 2017
Gabler Wirtschaftslexikon. http://wirtschaftslexikon.gabler.de/Definition/fluessige-mittel.html (o. J. b). Zugegriffen: 15. Nov. 2017
Gabler Wirtschaftslexikon. http://wirtschaftslexikon.gabler.de/Definition/umsatzerloes.html (o. J. c). Zugegriffen: 15. Nov. 2017
Hohberger, S., Damlachi, H.: Performancesteigerung im Unternehmen. Innovative Tools und Techniken. Springer Gabler, Wiesbaden (2017)
Kralicek, P.: Grundlagen der Finanzwirtschaft. Ueberreuter Wirtschaft, Berlin (1991)
Schmidlin, N.: Unternehmensbewertung & Kennzahlenanalyse. Praxisnahe Einführung mit zahlreichen Fallbeispielen börsennotierter Unternehmen, 2. Aufl. Vahlen, München (2015)

Weiterführende Literatur

Kugler, S.: Das Alchimedus Prinzip. Orell Füssli, Zürich (2005)
Kugler, S.: Die Alchimedus Methode. FLVG, Straßberg (2010)
Kugler, S.: Die Alchimedus Potenzialanalyse. Selbstverlag, Nürnberg (2007)
Kugler, S.: SUCCESS-DNA: Die zwölf Gesetze des Erfolges. Kreutzfeldt digital, Hamburg (2015)

Quick-Win-Core-Training: Kurzfristige Sofortmaßnahmen aus eigener Kraft

2

> **Zusammenfassung**
>
> Sie haben nun gelernt, wie Geschäftspartner, Banken und Investoren denken und wie Unternehmen in ihrer Leistungskraft objektiv mithilfe von Kennziffern beurteilt werden. Sie kennen nun Ihr aktuelles Fitnesslevel, und Sie wissen, an welchen Stellen es noch Optimierungspotenzial gibt. In diesem Kapitel stellen wir nun mehrere Methoden vor, die Sie sofort anwenden können, um Ihre Core-Stabilität zu verbessern: indem Sie sich zusätzliches Kapital beschaffen, indem Sie Ihre Ausgaben kürzen oder indem Sie Prozesse optimieren. Alle Maßnahmen haben eines gemeinsam: In maximal drei Monaten erzielen Sie damit sichtbare Ergebnisse.

> **Was Sie aus diesem Kapitel mitnehmen**
> - mit welchen Maßnahmen Sie Ihre Core-Stabilität (und damit Ihr unternehmerisches Fitnesslevel) schnell verbessern können
> - wie Sie mit einfachen Maßnahmen neues Kapital beschaffen, Kosten senken und Prozesse optimieren können
> - wie Sie einen maßgeschneiderten kurzfristigen Trainingsplan aufstellen

Dank des Core-Tests kennen Sie Ihr Fitnesslevel, und Sie wissen, an welchen Stellen es noch Optimierungspotenzial gibt. Ein langfristiges und nachhaltiges Training wäre nun der beste Weg, um die kleinen Speckröllchen abzutrainieren und den Jo-Jo-Effekt zu vermeiden, doch dafür bleibt gerade keine Zeit.

Menschen kennen dieses Phänomen: Der Sommer naht – und mit Erschrecken stellen wir fest, dass das angesetzte Hüftgold in Bikini oder Badehose deutlich zum Vorschein kommt. Was hilft, ist ein Blitz-Work-out, mit dem sich schnell sichtbare Erfolge erzielen lassen.

Ähnlich verhält es sich auch mit Unternehmen: Manchmal ist es wichtig, möglichst schnell die liquiden Mittel zu erhöhen, z. B. wenn eine größere Investition getätigt werden soll. Gleiches gilt für Firmen, die sehr schnell ihre Finanzierungschancen verbessern möchten – etwa, weil sie in naher Zukunft eine solche Anfrage stellen möchten.

In diesem Kapitel stellen wir Ihnen verschiedene „Blitzübungen" vor, die Sie anwenden können, um Ihre Ziele schnell zu erreichen. Innerhalb von nur drei Monaten erzielen Sie mithilfe des Quick-Win-Core-Trainings Ergebnisse.

Grundsätzlich gibt es drei Methoden, mit denen Sie Ihre Core-Stabilität schnell verbessern können: indem Sie sich zusätzliches Kapital beschaffen (Abschn. 2.1), indem Sie Ihre Ausgaben kürzen (Abschn. 2.2) oder indem Sie Prozesse optimieren (Abschn. 2.3).

So können Sie einen maßgeschneiderten kurzfristigen Trainingsplan aufstellen und je nach Ausgangslage und Zielsetzung Übungen einer oder mehrerer Trainingsmethoden anwenden – ein guter Weg zur perfekten „Strandfigur" für Ihr Unternehmen. Die einzelnen Übungen sind jeweils nach zunehmendem Schwierigkeitsgrad angeordnet.

2.1 Trainingsmethode 1: Kapital beschaffen

Wer mehr Geld zur Verfügung haben möchte, sollte mehr Geld einnehmen – das ist naheliegend. Eine Methode, um Ihre Core-Stabilität zu verbessern, besteht folglich darin, Ihre Einnahmen und flüssigen Mittel zu erhöhen. Einen Überblick über verschiedene Kapitalbeschaffungsmaßnahmen finden Sie in Abb. 2.1.

Forderungen in Umsatz wandeln
Verschenken Sie kein Potenzial, indem Sie säumigen Kunden zu viel Zeit einräumen, bis sie Ihren Forderungen nachkommen. Dazu können Sie folgende Maßnahmen einleiten:

- **Rechnungsstellung beschleunigen:** Warten Sie nicht allzu lange, bis Sie Ihre Lieferungen fakturieren. Lassen Sie sich täglich oder wöchentlich die Umsätze von Ihren Mitarbeitern geben, und definieren Sie klare Ziele, die Sie erreichen wollen. Überprüfen Sie auch sämtliche Ausgangsrechnungen.

2.1 Trainingsmethode 1: Kapital beschaffen

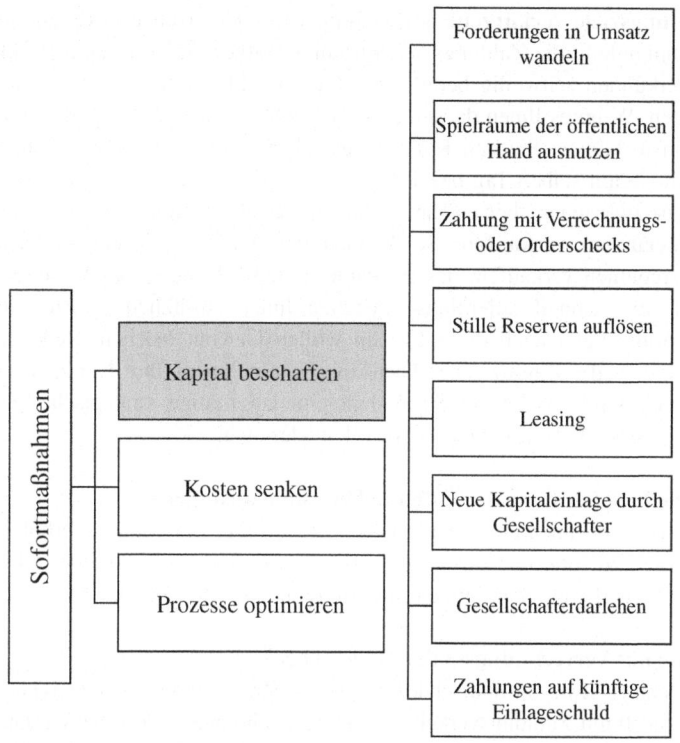

Abb. 2.1 Kapitalbeschaffungsmaßnahmen – Überblick

- **Bonitätsprüfungen intensivieren:** Wenn Sie wissen, wie zahlungskräftig und zuverlässig Ihre Kunden sind, können Sie entsprechend darauf reagieren. Prüfen Sie daher die Bonität Ihrer Kunden regelmäßig. Bei schlechter Zahlungsmoral des Kunden sollten Sie Zahlung per Vorkasse verlangen. Das schützt Sie vor einem langwierigen Hin und Her, das schlimmstenfalls in einen Gerichtsprozess mündet.
- **Mahnwesen verstärken:** Erinnern Sie säumige Kunden im Wochenrhythmus daran, wenn noch Forderungen offen sind. Berechnen Sie Verzugszinsen und Mahngebühren – damit erhöhen Sie die Aufmerksamkeit und die Zahlungsbereitschaft Ihrer Kunden. Nach der dritten Mahnung sollten Sie in jedem Fall ein gerichtliches Mahnverfahren einleiten. Denn manche Kunden halten Sie nur hin und wollen Zeit gewinnen.

- **Zahlungsziele verkürzen:** Bei wichtigen Kunden erscheint es Ihnen eventuell unmöglich, die Zahlungsziele zu kürzen. Aber vielleicht sind gerade Ihre Dauerkunden zeitweilig bereit, Sie durch beschleunigte Bezahlung zu unterstützen. Wenn es Ihnen darum geht, möglichst schnell Ihre liquiden Mittel zu erhöhen, können Sie den Kunden zusätzlich ein Prozent Skonto einräumen, wenn sie am selben Tag bezahlen, an dem sie die Rechnung erhalten haben. Das ist zwar teuer, aber wirksam, ohne die Kundenbeziehungen zu schädigen.
- **Forderungen verkaufen:** Sie können Ihre Forderungen an ein Factoring-Unternehmen verkaufen, das sie dann eintreibt. Dadurch wächst Ihre Liquidität sehr schnell, allerdings entstehen Ihnen zusätzliche Kosten für das Factoring, denn auch diese Firmen wollen Gewinn machen. Bedenken Sie auch, dass der Einsatz eines Factoring-Unternehmens Ihre Kundenbeziehungen belasten kann. Treffen Sie deshalb eine langfristige, strategische Entscheidung, ob Sie Factoring einsetzen wollen oder nicht.

Finanzielle Spielräume der Öffentlichen Hand ausnutzen

Der Staat bietet Ihnen einige Möglichkeiten, um Ihre Liquidität zu erhöhen bzw. Ihre Kosten zu senken. Nutzen Sie Subventionen und Steuervorteile, falls möglich. Ihr Steuerberater kann Ihnen Ihre Möglichkeiten aufzeigen.

Zahlung mit Verrechnungs- oder Orderschecks

Auch wenn es etwas altmodisch klingt, ist das Mittel immer noch geeignet. Überprüfen Sie Ihren Zahlungsverkehr. Wenn Sie Zahlungen per Scheck relativ spät innerhalb der vorgegebenen Frist vornehmen, erhöht das Ihre kurzfristige Liquidität. Kontrollieren Sie allerdings genau Ihre Kontostände, damit nicht etwa geplatzte Schecks Ihr Image schädigen. Das Zahlungsziel (regelmäßig) zu überschreiten, ist dagegen keine gute Idee, denn es kann die Beziehungen zu Lieferanten und Co. nachhaltig belasten.

Stille Reserven auflösen

Wie ein Langstreckenläufer auf seine Reserven zurückgreift, wenn er sich der Zielgerade nähert, so können auch Sie stille Reserven aus vergangenen Jahren aktivieren.

Stille Reserven entstehen dadurch, dass Ihre Buchhaltung Ihr Vermögen mit einem geringeren Wert verzeichnet, als Sie ihn zum jeweiligen Zeitpunkt am Markt erzielen würden. Deshalb können Sie Grundstücke, Gebäude, Beteiligungen, Aktien, Ihren Fuhrpark und sonstige Vermögenswerte womöglich gewinnbringend verkaufen.

Leasing

Eine interessante Option ist das Sale-and-Lease-Back-Modell: Verkaufen Sie Maschinen oder andere Wirtschaftsgüter zunächst und lösen Sie dabei stille Reserven auf. Anschließend leasen Sie die Gegenstände zurück. Bis auf die unmittelbar anstehenden Leasingraten stehen Ihnen die Erlöse aus dem Verkauf nun als liquide Mittel zur Verfügung.
Bedenken Sie aber: Oft sind Leasingmodelle teurer als ein Kauf. Zudem gehen Sie einige Risiken ein. Im Falle eines Verlusts oder der unsachgemäßen Behandlung tragen Sie die Kosten dafür. Leasing eignet sich daher vor allem dann, wenn Sie schnell und kurzfristig Ihre Liquidität erhöhen möchten.

Gesellschafterbeteiligung

Sie haben ein Pfund, mit dem Sie wuchern können: Ihr ansehnliches Unternehmen. Und wer möchte nicht gerne an einer erfolgreichen Unternehmung beteiligt sein? Es gibt viele Möglichkeiten Interessenten für die Unternehmensbeteiligung und damit frisches Kapital zu gewinnen. Von Friends-and-Family-Programmen – also der Beteiligung aus dem Freundes- und Familienkreis – über strategische oder institutionelle Beteiligungen ist hier vieles denkbar und machbar. Auch die öffentliche Hand ermöglicht Beteiligungen. Achten Sie darauf, dass die neuen Gesellschafter inhaltlich, strategisch sowie menschlich zu Ihnen und Ihren Zielen passen.

Gesellschafterdarlehen

Mit einem durchdachten Konzept können Sie oft zügig Darlehen von Ihren Gesellschaftern erhalten. Die Maßnahme ist geeignet, wenn Sie kurzfristig Ihre Liquidität erhöhen möchten – etwa, um eine größere Investition zu tätigen.

Zahlungen auf künftige Einlageschuld

Sie können auch Zahlungen auf Einlageschuld hereinholen. Das können Sie tun, indem Sie freie Kreditlinien im Bereich des Fremdkapitals ausnutzen. Dabei sollten die Kosten allerdings nicht im selben Maße ansteigen, in dem Sie neue Kreditquellen erschließen. Sonst haben Sie wenig gewonnen und kommen Ihrem Trainingsziel nicht näher.

2.2 Trainingsmethode 2: Kosten senken

Nicht alle Ausgaben, die Sie tätigen, sind zwangsläufig sinnvoll. Manche sind vermeidbar oder von geringem Mehrwert. Einen Überblick über verschiedene Kostensenkungsmaßnahmen finden Sie in Abb. 2.2.

Ratiopuffer aktivieren
Kurzfristig ist es sinnvoll, wie bei einer Diät für eine gewisse Zeit auf alle Rationalisierungsbestandteile zurückzugreifen. Dieses Mittel ist extrem schnell wirksam und erzieht das ganze Unternehmen zur Achtsamkeit. Die Mitarbeiter merken, dass Sie mit gutem Beispiel vorangehen.

Reduzieren Sie Ihr Unternehmen auf das Wesentliche
Überprüfen Sie regelmäßig alle betrieblichen Ausgaben, ob sie Ihrem Unternehmen wirklich etwas bringen. Und dann kündigen Sie alle unwichtigen Abonnements und Mitgliedschaften, überdenken Ihre Spendenpraxis, begrenzen Ihre Aufwendungen für Bewirtung und lassen alle Reisen und privaten Pkw-Fahrten vor Antritt genehmigen. Das ist ein Schritt zur Verbesserung der Core-Stabilität, der sich für jedes Unternehmen lohnt.

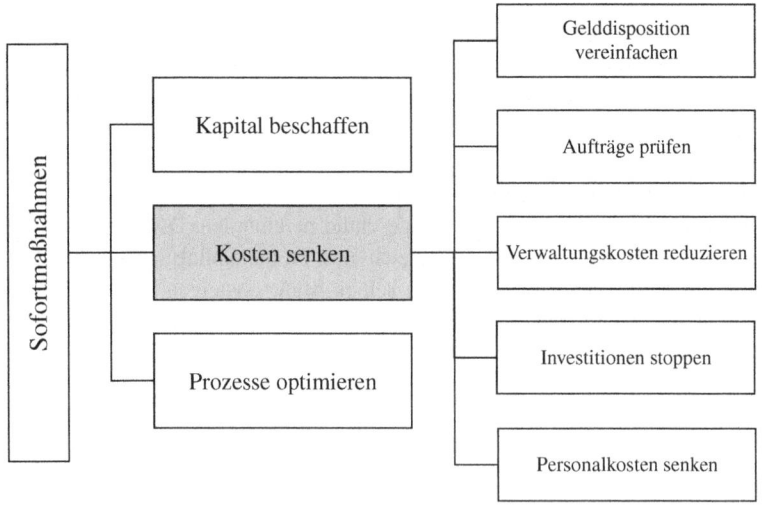

Abb. 2.2 Kostensenkungsmaßnahmen – Überblick

2.2 Trainingsmethode 2: Kosten senken

Gelddisposition vereinfachen
Straffen Sie Ihren Zahlungsverkehr, indem Sie die Anzahl Ihrer Konten vermindern. Ein Lohn- und Gehaltskonto, ein Kunden- und ein Lieferantenkonto (sowie bei international tätigen Firmen ggf. ein Dollar-Konto) genügen.

Aufträge prüfen
Um einen Auftrag auszuführen, benötigen Sie Personal und Material. Prüfen Sie alle Projekte im Hinblick darauf, ob sie zu hohe Kosten verursachen oder zu große Risiken mit sich bringen. Wenden Sie die Deckungsbeitragsrechnung an, um die Auswirkung jedes Auftrags auf Ihren Gewinn zu untersuchen. Prüfen Sie gleichzeitig alle Produkte, die Sie benötigen, um den Auftrag zu erfüllen, mithilfe der ABC-Analyse auf ihre Wertigkeit.

Verwaltungskosten reduzieren
Überprüfen Sie alle bestehenden Verträge zu Dienstleistern (EDV, Telekommunikationsunternehmen, Rechtsanwälte etc.). Letztendlich entscheiden Sie und das Kontrollgremium Ihres Unternehmens, welche Sie davon beibehalten wollen oder wo Kosten eingespart werden sollen.

Möglicherweise erwarten Sie dabei echte Überraschungen: Mietverträge für Maschinen, die Sie seit Jahren nicht mehr nutzen, Verträge über Dienstleistungen, die Sie schon lange nicht mehr benötigen, Aufträge an viel zu teure Servicefirmen, fehlende Preisanpassungen durch Dienstleister, obwohl Ihr Auftragsvolumen gesunken ist. Hier gibt es oft reichlich Potenzial, das Sie ohne großen Aufwand ausnutzen können.

Investitionen stoppen
Stellen Sie alle Investitionen auf den Prüfstand. Am besten lassen Sie sich oder einem Mitarbeiter Ihres Vertrauens jeden Investitionsantrag zur Genehmigung vorlegen und prüfen ihn gründlich. Wenn Sie eine Investition genehmigen, erwägen Sie Leasingmöglichkeiten, und vergleichen Sie Preise, Lieferkonditionen und Zahlungsziele genau.

Personalkosten senken
Um Geld zu sparen, scheint es eine naheliegende Maßnahme zu sein, Mitarbeiter zu entlassen. Denn Personalaufwendungen stellen in vielen Unternehmen einen Großteil der Kosten dar. Doch dabei sollten Sie größte Vorsicht walten lassen, um Ihren Unternehmens-Core nicht versehentlich zu schwächen, anstatt ihn zu stärken. Kostensenkungen helfen Ihrem Unternehmen nicht, wenn Sie dadurch an Know-how verlieren.

Richten Sie Ihren Blick deshalb zunächst auf die Lohnkosten. Sie können folgende Maßnahmen ergreifen, je nachdem, wie umfassend Sie die Personalaufwendungen reduzieren möchten:

- Urlaub der Mitarbeiter effizient planen
- Überstunden verbieten
- einen Einstellungsstopp verhängen
- Mitarbeiter frühzeitig in den Ruhestand versetzen
- Kurzarbeit einführen
- Vollzeit- in Teilzeitarbeitsplätze umwandeln
- Angestellten- in Selbstständigenverhältnisse umwandeln
- Dienstverträge mit freien Mitarbeitern kündigen
- Subunternehmern kündigen
- Outsourcing
- einzelne Geschäftseinheiten verselbstständigen
- Aufhebungsverträge einsetzen

2.3 Trainingsmethode 3: Prozesse optimieren

Selbst in erfolgreichen Unternehmen gibt es (fast) immer Möglichkeiten, um Prozesse und Abläufe noch reibungsloser und effizienter zu gestalten. Optimierungsprojekte setzen an unterschiedlichen Stellen an: bei der Organisation der Fertigung, bei den Verantwortlichkeiten der Mitarbeiter, bei der Abstimmung untereinander. Diese Maßnahmen verbessern die Unternehmensführung und sorgen letztlich ebenfalls dafür, dass Sie finanziell besser dastehen. Wenn das kein Training wert ist!

Einen Überblick über verschiedenen Optimierungsmaßnahmen finden Sie in Abb. 2.3.

Abläufe straffen

Die Abläufe in Ihrem Unternehmen sind eingespielt und verlaufen weitestgehend reibungslos. Sie könnten sich nun zufrieden aufs Sofa setzen und entspannen. Oder Sie nehmen Ihre bisherigen Erfolge als Ansporn und setzen noch eine Trainingseinheit drauf, um den Unternehmens-Sixpack noch ein wenig stärker zu definieren.

2.3 Trainingsmethode 3: Prozesse optimieren

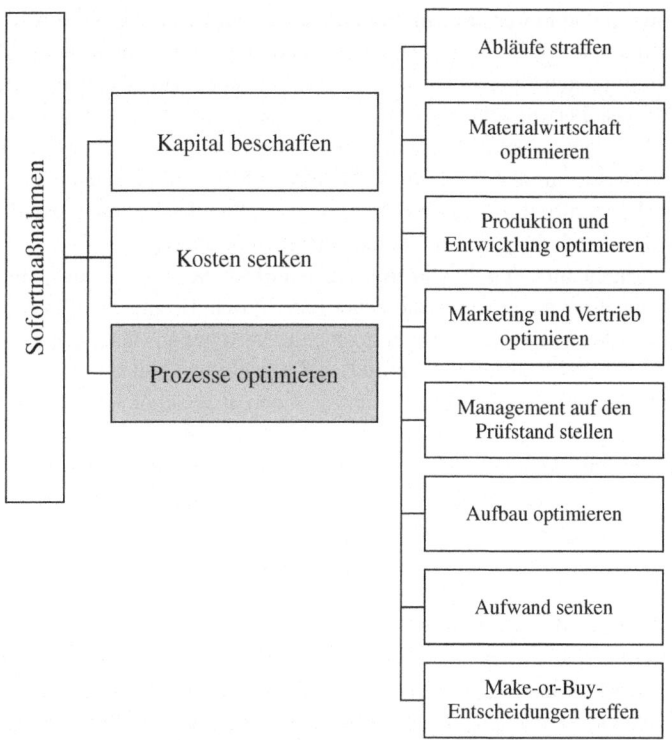

Abb. 2.3 Optimierungsmaßnahmen – Überblick

- **Dopplungen vermeiden:** Überlegen Sie, welche Abteilungen und Funktionen weitgehend gleiche Aufgaben übernehmen und zusammengelegt werden könnten. Dadurch vereinfachen Sie Prozesse und senken gleichzeitig die Kosten. Falls Dokumente mehrfach abgelegt werden oder in verschiedenen EDV-Systemen verbucht werden, reduzieren Sie diese Dopplungen.
- **Medienbrüche beseitigen:** Sie übermitteln ein Memo per Telefon, Ihr Mitarbeiter schreibt es auf ein Fax, und Ihre Sekretärin verfasst die entsprechende E-Mail. Um derartigen Mehraufwand zu beseitigen, einigen Sie sich auf ein Medium.
- **Einheitliche Datenbank verwenden:** Verkürzte Berichtswege machen Ihr Unternehmen wirtschaftlicher.
- **Meetings einschränken:** Halten sie weniger Standard-Besprechungen ab, und verkleinern Sie die Zahl der Teilnehmer.

- **Verantwortlichkeiten überprüfen:** Überdenken Sie die Verantwortlichkeiten der Mitarbeiter. Gibt es an einer oder mehreren Stellen potenzielle Kompetenzstreitigkeiten? Wenn ja, sorgen Sie für eine klare Aufgabenverteilung.
- **Qualitätssicherung checken:** Manche Maßnahmen für Instandhaltung und Qualitätssicherung sind möglicherweise übertrieben, andere kommen zu kurz. Stellen Sie sie auf den Prüfstand, und führen Sie ggf. Anpassungen durch.
- **Wege kurzhalten:** Achten Sie darauf, dass Ihre Fachabteilungen räumlich dicht beieinanderliegen, damit keine langen Wege anfallen.
- **Anregungen aus den Fachabteilungen holen:** Spielen Sie die Abläufe in Ihrem Unternehmen in alter und neuer Form durch. Besprechen Sie die Ergebnisse mit den Mitarbeitern. Denn gerade die Vertreter aus den Fachabteilungen kennen die Schwachstellen in ihren Bereichen gut und können oft konstruktive Vorschläge unterbreiten. Verschaffen Sie ihnen also Gehör. Verwenden Sie bei Bedarf Fragebogen.
- **Digitalisierung:** Nutzen Sie die Chancen, die die neuen Technologien bieten. Gerade die Digitalisierung der Geschäftsprozesse und der Markterschließung eröffnet ungeahnte Möglichkeiten. Hier werden auch sehr attraktive Fördermaßnahmen und -programme für KMU angeboten. Nutzen Sie diese.

Materialwirtschaft optimieren

Vier Faktoren spielen bei einer guten Materialwirtschaft eine Rolle: geschultes Personal, klare Strukturen, ein EDV-System, das die Beschaffungsprozesse sinnvoll abbilden kann, und ausreichend, aber nicht übermäßig gefüllte Lager.

Prüfen Sie, ob – und wenn ja, wo – es bei Ihnen an dieser Stelle Optimierungsbedarf gibt. Formulieren Sie sehr früh messbare Ziele, damit die Mitarbeiter (vor allem die Unternehmensleitung und die Einkäufer) genau wissen, wohin die Reise geht. Prüfen Sie im Nachhinein, ob die Vorgaben eingehalten wurden, und bestimmen Sie einen Mitarbeiter, der dafür verantwortlich zeichnet, dass Sie Ihre Ziele erreichen.

Personal Die Mitarbeiter sollten den besten Zeitpunkt für die Beschaffung kennen und wissen, welche Teile wo eingekauft werden müssen; sie sollten den Wareneingang kontrollieren und die entsprechenden Daten in das System einpflegen. Wenn es an dieser Stelle noch Verbesserungspotenzial gibt, führen Sie Schulungen durch und/oder erstellen Sie Handreichungen, auf denen die wichtigsten Punkte vermerkt sind.

2.3 Trainingsmethode 3: Prozesse optimieren

Strukturen Prüfen Sie, ob alle Kompetenzen eindeutig definiert sind und ob sie sich nicht etwa überschneiden. Stellen Sie auch die Auf- und Abbauorganisation auf den Prüfstand. Möglicherweise entdecken Sie noch ungenutztes Potenzial.

EDV-System Falls Sie es nicht bereits haben, führen Sie ein einheitliches System ein, das in der Lage ist, alle Prozesse abzubilden. Wer zwischen verschiedenen Programmen hin- und herspringen muss, verliert leichter den Überblick und verschwendet kostbare Zeit.

Lager Viele Unternehmen – auch solche, die wirtschaftlich gut dastehen – halten sehr viele Lagerbestände vor. Hier lohnt sich eine Entschlackungskur. Doch gehen Sie mit Augenmaß vor: Sicherheitsbestände sollten Sie mit Bedacht verringern.

Um Ihren Warenbestand zu senken, können Sie folgende Maßnahmen ergreifen:

- **Priorisieren:** Führen Sie eine ABC-Analyse für Ihre Einkaufsteile durch.
- **Verwendbarkeit prüfen:** Prüfen Sie, welche Materialien oder Teillager Sie wirklich benötigen. Überflüssiges sollten Sie verkaufen.
- **Verkaufssortimente verkleinern:** Nehmen Sie diejenigen Produkte aus Ihrem Sortiment, die einen zu geringen Deckungsbeitrag erwirtschaften. Gerade wenn Sie neue Aufträge ablehnen oder standhaft Ihren Preis erhöhen, werden Sie feststellen, dass viele Kunden auf Ihre Forderungen eingehen.
- **Bestandsware abverkaufen:** Sprechen Sie mit ausgewählten Kunden, bestellen Sie Produkte ab und bieten Sie eine letzte, zeitlich begrenzte Kaufchance an.
- **Vorrat geringhalten:** Beziehen Sie kritische und teure Teile nur auf Bestellung eines Kunden. Halten Sie auch solche Bestände gering, die eine Nachbestellung auslösen.
- **Rahmenaufträge abschließen:** Bei dieser Variante hält der Lieferant die Ware vor, Sie rufen sie bei Bedarf kurzfristig ab. So haben Sie immer rechtzeitig Zugriff auf die Materialien, die Sie benötigen, ohne dadurch Ihre eigenen Warenlager unnötig zu füllen.
- **Lagerführung vereinheitlichen:** Wenn Sie die Anzahl der Lagerorte verringern und Ihr Lager zentralisieren, werden die betrieblichen Prozesse leichter steuerbar. Sie vermeiden Doppelungen, verkleinern Ihre Vorräte und sparen Kosten.

Produktion und Entwicklung optimieren
Die Leistungswirtschaft ist der Bereich Ihres Unternehmens, wo Sie Ihre Dienstleistungen oder Produkte tatsächlich herstellen. Senken Sie an dieser Stelle den Aufwand, aber gehen Sie dabei behutsam vor, denn das ist der Punkt, an dem Ihr Unternehmen seinen Umsatz erwirtschaftet. Beachten Sie: Entscheidungen bei der Leistungswirtschaft reduzieren selten unmittelbar den Aufwand, sondern wirken eher mittel- bis langfristig. Planen Sie sie trotzdem gleich zu Beginn Ihres Core-Stabilisierungs-Trainings, weil sie zu den kurzfristigen Maßnahmen dazugehören und sich teilweise daraus ableiten.

- **Zusammenlegung der Fertigung:** Ist es möglich und lohnend, die Produktion zu konzentrieren, indem Sie Fertigungsstätten aufgeben?
- **Produktivität steigern:** Möglicherweise sind Ihre Produktionsanlagen veraltet oder die Arbeitsabläufe nicht so effizient, wie sie sein könnten. Gibt es hier noch ungenutztes Potenzial?
- **Produkte verbessern:** Haben Sie derzeit relativ viel Ausschuss? Wie könnten Sie ihn verringern?
- **Abläufe beschleunigen:** Lassen sich die Prüf- und Kontrollzeiten verringern? Ist es möglich, automatisierte Prozesse einzuführen?
- **Einnahmen erhöhen:** Bieten Sie bislang kostenlose Leistungen an, die Sie in Zukunft kostenpflichtig anbieten können? Würden Ihre Kunden das mittragen? Ist das Preis-Leistungs-Verhältnis Ihrer Produkte angemessen?

Marketing und Vertrieb optimieren
Um Ihre Core-Stabilität zu erhöhen, lohnt es sich, die Abläufe in den zentralen Abteilungen Marketing und Vertrieb zu überprüfen. Welche sind die maßgeblichen Zielgruppen und Zielmärkte, auf die Marketing und Werbung konzentriert werden sollten? An welcher Stelle sollten Sie die Marketing- und Werbemaßnahmen reduzieren?

Wie steht es um Ihren Außendienst? Sind die Besuchsrouten optimal geplant, und wird alles lückenlos dokumentiert? Ist es sinnvoll, mehr Kundenbesuche zu machen, oder gibt es spezielle Märkte, Handelsstufen oder Segmente, die zu unrentabel sind, um sie weiter zu bedienen?

Überlegen Sie auch, ob es sich für Sie lohnt, Handelsvertreter durch Mitarbeiter des Unternehmens zu ersetzen oder umgekehrt.

Unternehmensführung auf den Prüfstand stellen
Gutes Management ist unersetzlich für den Unternehmenserfolg. Auch wenn Ihr Unternehmen gut dasteht, sollten Sie in regelmäßigen Abständen überprüfen, ob

es sich lohnt, Entscheidungsprozesse neu zu organisieren, den Führungsstil zu ändern oder Personal auszutauschen.

Aufbau optimieren
Nehmen Sie sich gemeinsam mit Ihrem Management auch den Aufbau Ihres Unternehmens vor, doch seien Sie sich bewusst, dass die Organisation Ihres Unternehmens stark seine Wettbewerbsfähigkeit beeinflusst. Wenn Sie feststellen, dass an einigen Stellen Optimierungsbedarf besteht, entschlacken Sie die Hierarchie. Ein einfacher Unternehmensaufbau mit klaren Strukturen verbessert die unternehmerische Core-Stabilität. Wenn Sie kein Verbesserungspotenzial ausmachen, sollten Sie auch keine Umbaumaßnahmen treffen.

Make-or-Buy-Entscheidungen treffen
Die Frage, ob es sich lohnt, etwas selbst zu machen oder machen zu lassen, ist eine der zentralen Entscheidungen, die jeder Unternehmer immer wieder neu treffen muss. Wägen Sie sorgfältig ab, ob es sich für Sie lohnt, ganze Produkte und Aufgabenbereiche an externe Dienstleister zu vergeben. Oder umgekehrt: Möglicherweise erweist es sich für Sie als sinnvoller, einzelne ausgelagerte Produkte oder Dienstleistungen wieder zurückzuholen. Beides sollten Sie überdenken und durchrechnen.

Für Outsourcing eigenen sich besonders Aufgaben wie Gebäudereinigung, Sicherheitsdienst, Presse- und Öffentlichkeitsarbeit oder Buchhaltung. Aber auch Aufgaben der Verwaltung können Sie nach außen vergeben. Vielleicht kennen Sie sogar ehemalige Mitarbeiter, die sich in diesen Bereichen selbstständig gemacht haben?

2.4 Ihr kurzfristiger Trainingsplan

Ihr Trainingsplan sollte selbstverständlich auf Ihr Unternehmen zugeschnitten sein. Wählen Sie daher diejenigen Übungen aus, die zu Ihren Problemzonen passen. Einige Fettpölsterchen haben Sie möglicherweise beim Core-Test (Kap. 1) und beim Durchlesen der Sofortmaßnahmen ausgemacht, andere sind Ihnen vielleicht im unternehmerischen Alltag aufgefallen. In den meisten Fällen gibt es in allen drei Bereichen Verbesserungspotenzial: Es gibt noch unausgeschöpfte Geldquellen, die Kosten könnten gesenkt und die Abläufe verbessert werden.

Daher ist es sinnvoll, Maßnahmen aller drei Bereiche aus Kap. 2 anzuwenden und miteinander zu kombinieren. Eine gute Mischung aus den Trainingsmethoden verhindert Einseitigkeit und stellt sicher, dass Sie Ihre Core-Stabilität nachhaltig verbessern.

Ihr Transfer in die Praxis
Notieren Sie, wo Ihre Problemzonen liegen. Mit welchen Maßnahmen könnten Sie sie effektiv und schnell bekämpfen? Fertigen Sie dann einen kurzfristigen Trainingsplan an, indem Sie jedem Speckröllchen mindestens eine Trainingsmaßnahme zuordnen.

Legen Sie fest, wie Ihre konkreten Ziele aussehen und bis wann sie erreicht sein sollen. Prüfen Sie anschließend nach, ob die Ziele tatsächlich erreicht wurden.

Literatur

Weiterführende Literatur

Kugler, S.: Das Alchimedus Prinzip. Orell Füssli, Zürich (2005)
Kugler, S.: Der Alchimedus-Weg – Wie Sie Ihr Unternehmen revitalisieren. In: Knoblauch, Jörg (Hrsg.) Unternehmer beraten Unternehmen, S. 23–38. Gabal, Offenbach (2006)
Kugler, S.: SUCCESS-DNA: Die zwölf Gesetze des Erfolges. Kreutzfeldt digital, Hamburg (2015)
Kugler, S., Rankl, D., Horch, D.: Gesunde Unternehmen: Mit Betrieblichem Gesundheitsmanagement zu mehr Erfolg. Kreutzfeldt digital, Hamburg (2015)
Kugler, S., Würzner, P.: Sales Performer: Wie Sie sich zur Top-Vertriebskraft entwickeln. Kreutzfeldt digital, Hamburg (2016)

Power-Core-Training: Mittelfristig auf ein noch höheres Niveau 3

Zusammenfassung
Die bestmögliche Finanzierung ist heute ein zentraler Baustein der erfolgreichen Unternehmensführung. Sie haben einen Finanzierungsbedarf? Dann ist es wichtig, dass Sie sich und Ihr Unternehmen gut auf die Gespräche vorbereiten. Im Rahmen des Core-Tests haben Sie bereits die wichtigsten Kennziffern ermittelt, die auch ein Investor oder eine Bank bei der Errechnung der Unternehmensbonität im Rahmen eines Ratings errechnen würde. Mit dem Quick-Win-Core-Training aus Kap. 2 haben Sie bereits für die ersten schnellen Erfolge gesorgt und Ihren Financial BMI kurzfristig so gut wie möglich verbessert. Nun wollen wir eine erste Bonitätsanalyse durchführen und Ihr Unternehmen mithilfe des Power-Core-Trainings in maximal sechs Monaten auf ein noch höheres Niveau führen.

Was Sie aus diesem Kapitel mitnehmen
- welche Kriterien eine Rolle spielen, wenn Sie eine Finanzierungsanfrage stellen
- wie wahrscheinlich es ist, dass Sie eine Finanzierung erhalten
- welche mittelfristigen Maßnahmen Ihre unternehmerische Fitness innerhalb von sechs Monaten verbessern

Die bestmögliche Finanzierung ist heute ein zentraler Baustein der erfolgreichen Unternehmensführung. Sie wollen ein Unternehmen gründen oder haben einen

Finanzierungsbedarf? Dann ist es wichtig, dass Sie sich und Ihr Unternehmen gut auf die Gespräche vorbereiten.

Im Rahmen des Core-Tests haben Sie die wichtigsten Kennziffern ermittelt, die auch ein Investor oder eine Bank bei der Errechnung der Unternehmensbonität im Rahmen eines Ratings errechnen würde. Mit dem Quick-Win-Core-Training aus Kap. 2 haben Sie bereits für die ersten schnellen Erfolge gesorgt und Ihren Financial BMI kurzfristig so gut wie möglich verbessert. Nun wollen wir eine erste Bonitätsanalyse durchführen und Ihr Unternehmen mithilfe des Power-Core-Trainings in maximal sechs Monaten auf ein noch höheres Niveau führen.

Jedes Kreditinstitut arbeitet aufgrund der EU-Eigenkapitalvorschriften Basel II und III mit eigenen Instrumenten zur Beurteilung der Kundenbonität. Die eingesetzten Ratingsysteme setzen sich dabei aus quantitativen und qualitativen Faktoren zusammen, die meist gleich gewichtet werden und von Institut zu Institut variieren.

Zur **quantitativen Bewertung** der wirtschaftlichen Verhältnisse wird bei Unternehmen unter anderem die Liquiditäts-, Finanz- und Ertragslage, die Bilanzentwicklung, Kapitalstruktur und die Anfälligkeit für Währungs- und Finanzkrisen analysiert. Dazu werden betriebswirtschaftliche Kennzahlen wie Gewinn, Fremdkapitalquote, Cashflow und Liquiditätsgrad herangezogen. Insbesondere spielen Schuldenkennzahlen eine große Rolle, denn die Schuldendiensttragfähigkeit bildet einen zentralen Faktor eines Ratings. Diese Kennziffern haben wir im Core-Sixpack-Test und dem Financial BMI verdichtet abgebildet. Der Financial BMI stellt die quantitative Basis Ihrer Bonität dar und macht 50 % Ihrer Bonitätsnote aus.

Wenn Sie bereits das Quick-Win-Core-Training (Kap. 2) durchgeführt haben, sollten Sie den Core-Sixpack-Test nun noch einmal durchführen. Wie der regelmäßige Gang auf die Waage zeigt er Ihnen an, wie groß die bisherigen Trainingseffekte sind. Tragen Sie Ihre Ergebnisse in Tab. 3.1 ein.

Neben den quantitativen Daten spielen bei der institutsspezifischen Bonitätseinschätzung aber auch **qualitative Kriterien** eine wichtige Rolle. Unter die qualitativen Faktoren fallen Merkmale wie Eignung des Managements, Unternehmensstrategie, Organisationsstruktur, Prozessorganisation, Fortbildung der Mitarbeiter, Aufbau des Controllings und Risikomanagements, Marketing, digitale Innovation und Public Relations sowie die Wettbewerbsfähigkeit.

Die qualitativen Kriterien machen ebenfalls 50 % Ihrer Bonitätsnote aus. Anhand von nur neun Fragen werden die wichtigsten qualitativen Aspekte verdichtet abgefragt.

Sie stellen den Kern eines großen Ratingchecks (Kap. 5) oder einer ganzheitlichen Unternehmensanalyse dar. Je besser und professioneller Sie diese Fragen

Tab. 3.1 Auswertung Ihres Financial BMI

Kennzahl/Beurteilungsschema	Sehr gut – 1	Gut – 2	Mittel – 3	Schlecht – 4	Insolvenzgefährdet – 5	Meine Note
Eigenkapitalquote	>30 %	>20 %	>10 %	<10 %	negativ	
Schuldentilgungsdauer	<3 Jahre	<5 Jahre	<12 Jahre	<30 Jahre	>30 Jahre	
Gesamtkapitalrentabilität	>15 %	>12 %	>8 %	<8 %	negativ	
Cashflow in Prozent der Betriebsleistung	>10 %	>8 %	>5 %	<5 %	negativ	
Umsatzrendite	>10 %	>8 %	>5 %	<5 %	negativ	
Rationalisierungspuffer	>10 %	>8 %	>5 %	<5 %	0 %	
Gesamtergebnis (Summe der Noten, dividiert durch 6)						

beantworten können, umso eher werden Sie bei der Bonitätsprüfung durch Ihre Finanzierungspartner qualitativ gut bewertet, und entsprechend steigt Ihre Bonitätseinstufung.

Solange Sie kein Geld am Kapitalmarkt beziehen müssen, spielt die Bonitätseinstufung für Sie eine untergeordnete Rolle. Wollen Sie jedoch ein Unternehmen gründen oder haben Sie einen Finanzierungsbedarf im Rahmen einer Umstrukturierung oder einer Wachstumsstrategie, dann müssen Sie auch die qualitativen Kriterien der Banken möglichst gut erfüllen und deren Zweifel an Ihrer Bonität ausräumen.

Mit dem Finanzierungscheck erhalten Sie einen Eindruck davon, was für Ihre möglichen Finanzierungspartner bei der Beurteilung Ihrer Anfrage wichtig ist. Dies gilt für Kredite und Darlehen ebenso wie für alternative Finanzierungen sowie für praktisch alle Firmengrößen und Unternehmensstadien.

Beantworten Sie dazu in Abschn. 3.1 genannten Fragen mit Ja oder Nein. Je öfter Sie die Fragen bejahen können, desto größer ist Ihre Kreditwürdigkeit – und wenn Sie leichter an Kapital gelangen können, reduzieren sich automatisch die Finanzierungskosten.

Wir raten Unternehmen, jede Frage mit einem gut strukturierten Argumentationsgang zu beantworten und wenn möglich „Beweismaterial" zu produzieren! Wenn Sie z. B. bei Frage 1 angeben, dass die berufliche Eignung des Unternehmers sehr gut ist, dann sollen Sie dies durch Aus- und Weiterbildungszeugnisse oder Track Record auch beweisen können.

3.1 Testfragen – qualitative Kriterien

Nun gilt es, die Qualität des Geschäftsmodells und der Unternehmensführung zu ermitteln und zu benoten. Wir stellen Ihnen dazu die folgenden neun Fragen. Wenn Sie eine Frage mit Nein beantworten, haben Sie Verbesserungspotenzial ausgemacht. Gehen Sie die entsprechende Schwachstelle gezielt an. Trainingseffekte zeigen sich meist innerhalb von zwei bis fünf Monaten. Diese mittelfristigen Maßnahmen bilden wiederum die Basis für den langfristigen Core-Verbesserungsprozess.

1. Wie steht es um die Geschäftsleitung: Sind der berufliche Werdegang und die fachlichen Voraussetzungen sehr gut?
Voraussetzung für einen soliden Unternehmenserfolg sind die hohe Qualität und die persönliche Eignung der Unternehmensleitung. Banken und Partner geben der Geschäftsleitung im wahrsten Sinne des Wortes einen persönlichen Kredit. Treten

Sie im Bankgespräch überzeugend und kompetent auf, haben Sie bereits eine der größten Hürden genommen. Neben den fachlichen und sachlichen Voraussetzungen kommt es besonders auf die Fähigkeit an, Mitarbeiter zu motivieren und zu begeistern.

Aufgabe Bitte beschreiben Sie die persönliche Eignung des Unternehmers bzw. des Unternehmerteams, zum Beispiel: „Die Gründerin lebt in geordneten finanziellen Verhältnissen. Etwaige Vorstrafen und Einschränkungen zur Ausübung der Tätigkeit bestehen nicht. Die ehemaligen Anstellungs- und Beschäftigungsverhältnisse verliefen geregelt, es bestehen keine daraus resultierenden Haftungen und Verpflichtungen. Die Unternehmerin besitzt die körperlichen und seelischen Voraussetzungen, um das Vorhaben zu realisieren."

2. Haben Sie eine Zusammenfassung der Unternehmensstrategie und des Finanzierungsvorhabens als sogenanntes Executive Summary schriftlich formuliert?
Das Executive Summary dient als Zusammenfassung des Unternehmenskonzepts. Es enthält alle wesentlichen Elemente des Gründungsvorhabens bzw. der Strategie von Bestandunternehmen. Das Executive Summary soll kurz und knapp, aber anregend formuliert sein und Interesse wecken. Finanzierungspartner/Analysten wollen gerne wissen, wie das Geschäftsmodell aussieht, wer die Zielgruppe ist und wie Geld verdient wird. Je besser Sie dies darstellen, umso professioneller wirken Sie.

Aufgabe Verfassen Sie ein ein- bis zweiseitiges Executive Summary. Widmen Sie der Schilderung des zugrunde liegenden Geschäftsmodells sowie des Investitions- und Finanzbedarfs besondere Aufmerksamkeit. Es ist ratsam, dieses Kapitel erst zum Schluss zu schreiben, wenn alle anderen Teile des Businessplans bereits fertiggestellt sind.

3. Haben Sie einen aussagekräftigen Finanzplan?
Die Beschäftigung mit den Budgets und Jahresplanungen hat einen stark erzieherischen Effekt. Dabei werden die aktuellen Strukturen überprüft, die Wunschvorstellungen formuliert und zu Papier gebracht. Außerdem werden die Mitarbeiter durch den institutionalisierten Soll-Ist-Vergleich dazu verpflichtet, sich möglichst an die Zielvorgaben zu halten. Gerade Jahreszielvorgaben haben oft den Effekt einer sich selbst erfüllenden Prophezeiung. Traditionell sind größere Unternehmen in dieser Disziplin besser als kleinere, denn sie verfügen über größere personelle und funktionelle Ressourcen. Das entbindet jedoch niemanden davon, eine gewisse Systematik einzuführen. Schon der Unternehmensgründer sollte dies in Form eines Businessplans tun.

Aufgabe Für die Kreditanfrage sollten Sie einen aussagekräftigen Finanzplan entwickeln, denn genau den werden Sie mit dem möglichen Kreditgeber im Detail besprechen. Je kompetenter und schlüssiger der Finanzplan für mindestens zwei, besser drei Jahre erstellt wurde, desto besser stehen Ihre Finanzierungschancen. Zusätzlich sollten Sie die Erreichung der Zahlen (und ggf. auch Abweichungen davon) monatlich prüfen und dies nachweisen.

4. Sind die Rentabilitätserwartungen für die Unternehmung sehr gut?
Für eine Kreditanfrage sollten Sie eine ansprechende Rentabilität in Aussicht stellen können, denn dann ist der Finanzierungsanbieter sicher, dass Sie die Kreditsumme zurückzahlen können. Als Hinweis dient die Formel für die Gesamtrentabilität, die Sie in Abschn. 1.2 berechnet haben. Die positive Rentabilität mündet in einen guten Cashflow. Daraus lässt sich ableiten, wie finanziell leistungsfähig ein Unternehmen im Verhältnis zur Betriebsleistung ist (Abschn. 1.4).

Aufgabe Fügen Sie bei einer Kreditanfrage Ihre Rentabilitätsplanung (drei Jahre im Voraus) als Excel-Datei oder in PDF-Form als Nachweis bei.

5. Haben Sie sehr gute Marktchancen?
Nur in einem positiven Branchenumfeld kann sich ein durchschnittliches Unternehmen gut entwickeln. Für besonders gute Unternehmen mit starken Alleinstellungsmerkmalen ist dagegen ein schwaches Branchenumfeld von Vorteil. Faktoren wie Marktwachstum und -schwankungen, Innovationskraft und Branchenrentabilität spielen eine zentrale Rolle.

Aufgabe Beantworten Sie folgende Fragen: Wie beurteilen Sie das Marktwachstum? Wie schätzen Sie die Branchenrentabilität ein? Wie beurteilen Sie die Innovationsgeschwindigkeit in Ihrer Branche? Gibt es Marktschwankungen – und wenn ja: Wie groß sind sie? Worin liegen die Ursachen dafür?
Für spätere Kreditanfragen und Ihre Bankgespräche sollten Sie eine Aufbereitung der Marktchancen nachweisen können.

6. Kennen Sie die Anforderungen Ihrer Kunden genau, und erfüllen Sie sie?
Für eine Kreditanfrage sollten Sie diese Frage positiv und schlüssig beantworten können. Dazu brauchen Sie einen regelmäßigen und intensiven Austausch mit Ihren Kunden über deren Zufriedenheit, Bedürfnisse und Planungen. Wer

3.1 Testfragen – qualitative Kriterien

heute nicht agiert, wird künftig gezwungen sein, einen Wandel hinzunehmen, den andere eingeleitet haben. Nur wer weiß, was für die Kunden wirklich wichtig ist und wie zufrieden sie mit den einzelnen Kriterien sind, kann gezielt handeln.

Aufgabe Führen Sie, ggf. mit externer Moderation, einen Workshop durch, und erarbeiten Sie eine Ideenliste für mögliche zusätzliche Kundenanforderungen. Sprechen Sie Ihre Kunden auch gezielt auf ihre Wünsche und Bedürfnisse an. Fragen Sie die Kunden, ob sie mit folgenden Aspekten Ihrer Produkte/Dienstleistungen zufrieden sind: Preis-Leistungs-Verhältnis, Qualität der Produkte/Dienstleistungen, Qualität des Service, Beratung/Betreuung, Innovationsfähigkeit. Dokumentieren Sie die Ergebnisse.

7. Haben Sie hervorragende Produkte/Dienstleistungen, und konzentrieren Sie sich auf die Kernkompetenzen?
Ihre Produkte/Dienstleistungen sind der Kern Ihres Unternehmens. Wenn sie wirklich gut sind, ist die Basis für unternehmerischen Erfolg gelegt.

Aufgabe Führen Sie eine systematische Analyse durch und halten Sie Ihre Ergebnisse schriftlich fest: Wie beurteilen Sie Ihr Produktsortiment? Ist es breit und vielfältig, oder konzentrieren Sie sich auf Ihre Kernkompetenzen? Hat Ihre Produktpalette eine ausgewogene Lebenszyklusstruktur? Sind Sie von einem oder sehr wenigen Produkten abhängig? Falls Sie an dieser Stelle Verbesserungspotenzial ausmachen, sollten Sie es rechtzeitig ausschöpfen.

8. Bieten Sie ein ausgezeichnetes Preis-Leistungs-Verhältnis, haben Sie ein sehr gutes Image (Produkt/Marke) und gleichzeitig wenige Reklamationen?
Gute Preise aus Sicht des Anbieters stellen das langfristige Überleben und das Wohlergehen des Unternehmens sicher. Natürlich sind die Preise immer eine Kombination oder Folge aus Kosten-Nutzen-Relationen. Sie bieten einen bestimmten Nutzen zu einem bestimmten Preis. Klare Preisstrategien helfen den Kunden, unklare verwirren, überhöhte schrecken ab.

Aufgabe Ziehen Sie Bilanz: Wie gut sind Ihre Preise und Ihr Preissystem im Verhältnis zur Konkurrenz? Ermöglichen die Preisstrukturen das langfristige Überleben der Firma? Sind die Preisstellungen klar und übersichtlich genug? Verstehen die Kunden die Angebote, oder gibt es zu viele Klauseln, die den Kauf erschweren? Falls Sie Verbesserungspotenzial ausmachen, sollten Sie es ausschöpfen.

9. Sichern Sie das Unternehmen ausreichend gegen Risiken ab?
Für Banken ist es sehr wichtig, dass ein Finanzierungsnehmer die möglichen Risiken beherrschen und Sicherheiten aufweisen kann. Risiken können – aus regulatorischer Sicht – durch den Wettbewerb, aber auch durch Verletzung von Gesetzen (Datenschutz, EU-Grundverordnung, Arbeitsschutz etc.) oder durch Nichtbeachtung der Risiken neuer Technologien – Stichwort: Cyber Risk – entstehen. Auch die Themen Ausfall der Geschäftsführung aufgrund von Notfall oder Todesfall sind wichtige Punkte der Risikovorsorge und sollten systematisch abgesichert sein.

Sicherheiten können sein: Grundstücksunterlagen, Wertgutachten, ein Versicherungsschein etc.

Aufgabe Stellen Sie die entsprechenden Dokumente in einer Vorbereitungsmappe für Ihr Bankgespräch zusammen. Finden Sie außerdem Antworten auf die folgenden Fragen: Was passiert, wenn Sie oder sonstige Entscheidungsträger in Ihrem Unternehmen für eine bestimmte Zeit ausfallen? Was passiert, wenn Sie einen oder mehrere wichtige Auftraggeber verlieren? Was passiert, wenn größere Schäden auftreten oder Ansprüche geltend gemacht werden, die einen längeren Zeitraum beanspruchen? Haben Sie Kooperationen/Partnerschaften als Daseinsvorsorge für mögliche Risiken? Erstellen Sie einen Notfallplan mit klaren Handlungsansätzen, falls Sie noch keinen solchen haben.

10. Hat das Unternehmen eine klare Digitalisierungsstrategie entwickelt?
Die Digitalisierung ordnet Wirtschafts- und Lebensbereiche neu. Sie verändert grundlegend die Art und Weise wie wir arbeiten und leben, wie wir konsumieren und kommunizieren. Wer dort nicht mitmacht, verliert den Marktzugang und entscheidend im Wettbewerb. Digitale Geschäftsmodelle benötigen oft ganz andere Organisationsstrukturen als das traditionelle Business. Kreditinstituten ist bei der Risikoeinschätzung eines Unternehmens diese Frage mittlerweile sehr wichtig!

Aufgabe Beschreiben Sie die aktuelle Situation bzw. die Abläufe aus der hervorgeht, wie das Unternehmen diesen Bereich systematisch und effizient umsetzt oder bei Existenzgründungen plant.

3.2 Auswertung

Ihre Antworten
Tragen Sie Ihre Antworten (ja/nein) in die folgende Tabelle ein:

Finanzierungscheck – Antworten

Frage	Ihre Antwort (ja/nein)
1. Wie steht es um die Geschäftsleitung: Sind der berufliche Werdegang und die fachlichen Voraussetzungen sehr gut?	
2. Haben Sie eine Zusammenfassung der Unternehmensstrategie und Ihres Finanzierungsvorhabens als sogenanntes Executive Summary schriftlich formuliert?	
3. Haben Sie einen aussagekräftigen Finanzplan?	
4. Sind die Rentabilitätserwartungen für die Unternehmung sehr gut?	
5. Haben Sie sehr gute Marktchancen?	
6. Kennen Sie die Anforderungen Ihrer Kunden genau, und erfüllen Sie sie?	
7. Haben Sie hervorragende Produkte/Dienstleistungen, und konzentrieren Sie sich auf die Kernkompetenzen?	
8. Bieten Sie ein ausgezeichnetes Preis-Leistungs-Verhältnis, haben Sie ein sehr gutes Image (Produkt/Marke) und gleichzeitig wenige Reklamationen?	
9. Sichern Sie das Unternehmen ausreichend gegen Risiken ab?	
10. Hat das Unternehmen eine klare Digitalisierungsstrategie entwickelt?	

3.2 Auswertung

Zählen Sie nun zusammen, wie oft Sie mit Ja antworten konnten. Für jedes Ja erhalten Sie einen halben Punkt.
   Ihr persönliches Ergebnis: _____ Punkte

Sie haben 5 von 5 möglichen Punkten erreicht.
Ihr Unternehmen ist im Bereich Finanzen/Rating wahrscheinlich vorbildlich aufgestellt. Da Sie die Basiskriterien für gutes Finanzmanagement und eine erfolgreiche Unternehmensführung bereits erfüllen, bietet sich nun ein umfassender Finanzcheck an, der Ihre individuelle Situation unter die Lupe nimmt, um möglichst alle Lücken

bzw. Schwächen zu beseitigen. Sie sollten das Thema Finanzen/Rating weiter aktiv betreiben und perfektionieren.
Sie haben 3,5–4,5 von 5 möglichen Punkten erreicht.
Ihr Unternehmen ist im Bereich Finanzen/Rating sehr gut aufgestellt. In einigen Punkten besteht dennoch Handlungsbedarf. Sie sollten sich für ein optimales Rating und perfekt vorbereitete Bankgespräche mit einem Experten in Verbindung setzen.
Sie haben 2–3 von 5 möglichen Punkten erreicht.
Ihr Unternehmen ist im Bereich Finanzen/Rating mittelmäßig aufgestellt. Es besteht Handlungsbedarf. Sie sollten einen Experten konsultieren, um (bessere) Finanzierungsangebote zu erhalten. Auch aus Haftungsgründen ist es ratsam, gemeinsam mit einem externen Berater die Problemstellen anzugehen. Sonst drohen finanzielle Risiken und Risiken für die Kapitalbeschaffung.
Sie haben 0–1,5 von 5 möglichen Punkten erreicht.
Ihr Unternehmen ist im Bereich Finanzen/Rating unterdurchschnittlich aufgestellt. Es besteht dringender Handlungsbedarf, denn es könnte im Falle einer Rentabilitäts- oder Liquiditätskrise sehr schwer sein, passende Finanzierungen zu finden – mit gravierenden Folgen für das Unternehmen. Sie sollten das Thema Finanzen/Rating schnellstmöglich systematisch angehen und einen Experten zurate ziehen.

Die Kreditinstitute und sonstige Darlehensgeber fordern von Ihnen meist zwei zusätzliche Auskünfte, die mit wenigen Ausnahmen als entscheidende Kriterien bei Finanzierungsanliegen angesehen werden. Oftmals werden diese gleich bei Antragstellung abgefragt. Sind die Werte dieser Auskünfte zu schlecht, wird der Finanzierungsantrag gleich negativ beschieden.

Diese zwei Auskünfte werden meistens als erstes benötigt
SCHUFA-Auskunft
Die SCHUFA ist der größte Auskunftgeber über die Kreditwürdigkeit privater Schuldner in Deutschland. Anhand des Zahlungsverhaltens in der Vergangenheit werden Prognosen über das zukünftige Zahlungsverhalten getroffen und in Zahlenwerte übersetzt. Die SCHUFA-Auskunft wird von Unternehmen eingeholt, um eine Bonitätsauskunft potenzieller Kunden einzuholen. Die Kreditwürdigkeit wird in Zahlen zwischen 0 (nicht kreditwürdig) und 1.000 (sehr kreditwürdig) angegeben. Eine negative SCHUFA-Auskunft wird bei fast allen Kreditinstituten als nicht kreditwürdig beurteilt. Hier besteht meist nur die Möglichkeit auf Verbesserung indem eine zweite Person mit positiver SCHUFA-Auskunft in die Geschäftsführung geholt wird.

3.2 Auswertung

Aufgabe: Falls Sie das noch nicht getan haben, fragen Sie Ihren SCHUFA-Score ab: www.schufa.de
Alternativ kann die Auskunft der Creditreform Boniversum GmbH herangezogen werden: www.boniversum.de

Creditreform Bonitätsindex[1]
Der bekannteste Bonitätsindex im deutschsprachigen Raum ist der Creditreform Bonitätsindex. Er setzt sich aus einer Vielzahl bonitätsrelevanter Merkmale zusammen und ermöglicht Ihnen eine schnelle und trennscharfe Einschätzung der Bonität und des Ausfallrisikos eines (potenziellen) Geschäftspartners. Er wird von vielen Banken und Finanzierungsinstituten genutzt.

Zur Berechnung werden verschiedene Faktoren bewertet, anhand derer die Bonität eines Unternehmens bemessen wird. Zu diesen **Merkmalen** zählen:

- Krediturteil
- Zahlungsweise
- Jahresabschlussdaten
- Branchenrisiko
- Unternehmensentwicklung
- Umsatz
- Rechtsform
- Unternehmensalter
- Regionenrisiko
- Auftragslage
- Kapital
- Erfahrung Management
- Anzahl Mitarbeiter
- Relation Umsatz/Mitarbeiter
- Relation Kapital/Umsatz
- externe Zahlungserfahrungen (insbesondere aus dem Debitorenregister Deutschland)

Die Bedeutung der einzelnen Merkmale für die Bonitätsbewertung ist unterschiedlich. Daher werden sie entsprechend ihrer Relevanz gewichtet (Abb. 3.1).

Die einzelnen Informationen werden zu einem Gesamtwert zusammengefasst und in Form einer dreistelligen Zahl zwischen 100 und 600 dargestellt. Das entspricht dem Spektrum zwischen einer ausgezeichneten Bonität (100–149) und der

---

[1] Der Text wurde von Creditreform zur Verfügung gestellt.

Schematische Ermittlung des Creditreform Bonitätsindex

Risikofaktoren	Gewicht. %	Klassifikation 1	2	3	4	5	6
Zahlungsweise	25		50				
Krediturteil	25		50				
Unternehmensentwickl.	5			15			
Auftragslage	5			15			
Rechtsform	4				16		
Branche	6		12				
Unternehmensalter	4		8				
Umsatz	5			15			
Mitarbeiterzahl	4			12			
Umsatz / Mitarbeiter	2		4				
Gezeichnetes Kapital	5		10				
Bilanzbonität	10		20				
Summe	100	0	154	57	16	0	0
Bonitätsindex				227			

Abb. 3.1 Gewichtung der einzelnen Faktoren im Creditreform Bonitätsindex. (Quelle: Creditreform)

Zahlungseinstellung (600). Bei neugegründeten Unternehmen und beim Vorliegen unklarer Sachverhalte wird kein Bonitätsindex vergeben.

Die meisten Finanzierungsinstitute bevorzugen einen Bonitätsindex bei der Creditreform unter 300, besser unter 250.

Wenn Ihr eigener Bonitätsindex nicht wie gewünscht ausfällt, gibt es eine Reihe von Maßnahmen, die Sie einleiten können, um Ihre Bewertung zu verbessern.

- **Abgabe aussagekräftiger und gut aufbereiteter Unterlagen:** Auskunfteien haben einen gewissen Gestaltungsspielraum bei der Bewertung. Dabei sind sie auf qualitativ gute Informationen angewiesen. Wenn diese nicht vorliegen, wird im Regelfall tendenziell eher mittel oder sogar schlechter bewertet.
- **Korrektur der Daten:** Auch Auskunfteien arbeiten nicht immer fehlerfrei. Daher kann eine Bonitätsauskunft veraltete oder unzutreffende Daten enthalten. Es kommt vor, dass ein längst getilgter Kredit noch nicht gelöscht ist.

3.2 Auswertung

- **Formale Änderungen:** Ein Wechsel der Rechtsform, des Standorts oder der Eintrag eines zweiten Geschäftsführers ändern das statistische Ausfallrisiko. Bei der nächsten Erstellung des Bonitätsindex mag sich dies positiv auswirken.
- **Zahlungsweise beachten:** Überziehen Sie die Konten nicht. Mahnverfahren etc. werden oftmals der Creditreform gemeldet und verschlechtern Ihren Bonitätsindex.
- **Kreditantragstellung:** Weitere Möglichkeiten, die Bonität zu verbessern, bieten sich bei der Kreditantragstellung. Banken beurteilen die Bonität eines Unternehmens auch anhand des Einkommens, des vorhandenen Vermögens und der Zahlungsverpflichtungen. Bei der Angabe Ihres Einkommens sollten Sie daher alle Einkünfte berücksichtigen. Auch eine Einkommensteuerrückzahlung kann das Jahreseinkommen erhöhen. Zinseinnahmen aus Kapitalanlagen oder Pflegegeld, das Sie für die Pflege von Angehörigen erhalten, sind ebenfalls Einkünfte.
- **Anzahl der Kreditnehmer:** Sie können Ihre Bonität als inhabergeführtes Unternehmen auch verbessern, indem Sie einen zweiten Kreditnehmer mit eigenem Einkommen angeben. Ehepaare als Kreditnehmer haben dann eine bessere Bonität, wenn beide Partner ein eigenes Einkommen erzielen.

Aufgabe Falls Sie das noch nicht getan haben, beantragen Sie Ihren Bonitätsindex bei der Creditreform. Eine einmalige Auskunft pro Jahr ist kostenfrei. Allerdings ist es nur in wenigen Fällen möglich, den Creditreform Bonitätsindex kurzfristig zu beeinflussen. Es gilt daher, diesen langfristig zu planen. Wenn Sie den Core-Test gemacht und die Ansatzpunkte für Verbesserungen identifiziert haben, können Sie mit den Maßnahmen, die wir Ihnen in Kap. 2 und 4 vorstellen, auch Ihre Wertung im Creditreform Bonitätsindex innerhalb von zwölf bis 24 Monaten verbessern.

Ihr Transfer in die Praxis

- Führen Sie den Finanzierungscheck und den Core-Sixpack-Test in regelmäßigen Abständen durch, nicht nur, wenn Sie eine Finanzierungsanfrage planen. Denn die beiden Tests geben Ihnen Aufschluss darüber, wie Sie im Bereich Finanzen/Rating aufgestellt sind.
- Fragen Sie dazu auch einmal jährlich Ihren Creditreform-Score und Ihre SCHUFA-Bewertung ab.
- Auch wenn Sie beim Finanzierungscheck ein gutes Ergebnis erzielen, sollten Sie kontinuierlich weiter daran arbeiten. Ziehen Sie ggf. einen externen Experten zurate.

Professional Core-Training: Langfristig gesund durch nachhaltig ausgelegte Maßnahmen

4

> **Zusammenfassung**
>
> Wie Sie Ihr Unternehmen mithilfe langfristiger Maßnahmen noch fitter machen, ist Gegenstand dieses Kapitels. Unternehmerischer Erfolg gelingt im Zusammenwirken vieler Faktoren. Langfristige Maßnahmen werden nicht einfach so einmal beschlossen. Sie sind das Ergebnis eingehender Analysen und gut vorbereiteter Entscheidungen. Sie erfahren in diesem Kapitel, welche Schritte Sie wann einleiten sollten, wie Sie das Konzept für die langfristige Core-Verbesserung gestalten und in der Praxis umsetzen können.

> **Was Sie aus diesem Kapitel mitnehmen**
> - wie Sie vorgehen können, um die Core-Stabilität Ihres Unternehmens langfristig und nachhaltig zu verbessern
> - wie Sie Ihr langfristiges Core-Verbesserungskonzept in die Praxis umsetzen
> - wie Sie Ihre Mitarbeiter in den Trainingsprozess möglichst gut einbinden

Mit dem Quick-Win-Core-Training (Kap. 2) und dem Power-Core-Training (Kap. 3) lassen sich schnelle Erfolge erzielen, doch es droht zugleich der Jo-Jo-Effekt. Gesünder und nachhaltiger ist es, langfristige Maßnahmen zu ergreifen, die Ihr Unternehmen kontinuierlich fitter werden lassen und den Unternehmens-Core dauerhaft stärken.

Dieser Prozess gliedert sich in vier Schritte:

1. Entschließen Sie sich zur Core-Stabilisierung, und wählen Sie die richtigen Partner aus, die Ihnen bei der langfristigen Umsetzung helfen.
2. Untersuchen Sie den Ist-Zustand Ihres Unternehmens (Abschn. 4.2) und werten Sie ihn aus.
   - Analysieren Sie die finanzielle Lage.
   - Stellen Sie die Prozesse und den Aufbau des Unternehmens auf den Prüfstand.
   - Analysieren Sie die strategische Lage.
3. Erstellen Sie einen Trainingsplan (Prüfbericht) für die langfristige Core-Verbesserung Ihres Unternehmens.
   - Identifizieren Sie Speckröllchen.
   - Wählen Sie Maßnahmen aus, die zu den Problemzonen passen.
4. Befolgen Sie Ihren Trainingsplan.
   - Setzen Sie beschlossene Maßnahmen um.
   - Kontrollieren Sie, ob die Ziele erreicht wurden.
   - Analysieren Sie die Ergebnisse und dokumentieren Sie sie.

Einen Überblick über die einzelnen Schritte beim Professional Core-Training finden Sie in Abb. 4.1.

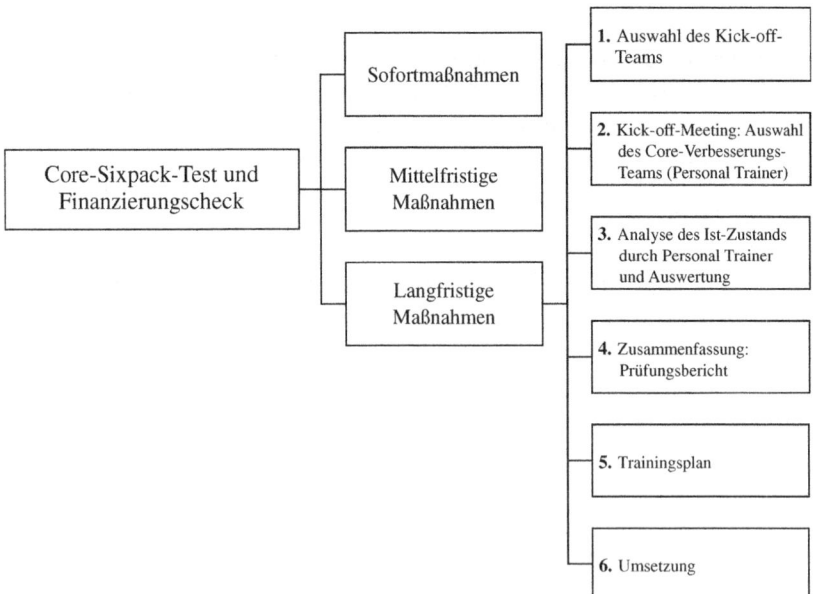

Abb. 4.1 Vom Core-Test zur unternehmerischen „Strandfigur"

4.1 Die richtigen Leute für die langfristige Core-Stabilisierung auswählen

▶ Die Arbeit Ihrer Teams entscheidet maßgeblich darüber, wie erfolgreich Sie das Professional Core-Training umsetzen können. Je qualifizierter und motivierter die Mitarbeiter sind und je besser sie zusammenarbeiten, umso leichter gelingt es dem Unternehmen, seine Trainingsziele zu erreichen.

4.1.1 Kick-off-Team

Am Anfang jeder langfristigen Core-Verbesserung steht die Auswahl eines Teams, das die strategischen Leitlinien der Veränderung festlegt. Diese Expertengruppe bezeichnen wir als Kick-off-Team oder Core-Verbesserungsteam (Personal-Trainer-Team).

Das Core-Verbesserungsteam arbeitet wie ein Personal Trainer. Es analysiert den aktuellen (Trainings-)Zustand, identifiziert Fettpölsterchen (Schwachstellen, an denen die Core-Verbesserung ansetzen sollte), begleitet und überwacht den gesamten Trainingsprozess.

Die **Aufgabe** des Kick-off-Teams besteht darin,

- diejenigen auszuwählen, die den gesamten Prozess der Veränderung steuern und stützen sollen,
- grundsätzliche Leitlinien für den Core-Verbesserungsprozess festzulegen (ob beispielsweise das Management gestärkt oder geschwächt werden soll, oder wie die Mitglieder des Core-Verbesserungsteams entlohnt werden sollen),
- zusätzliche Experten- und Projektteams zu benennen, die dem Core-Verbesserungsteam zuarbeiten sollen.

Auswahl geeigneter Mitglieder, Zusammensetzung und Größe
Gehen Sie bei der Auswahl des Core-Verbesserungsteams besonders sorgfältig vor, denn seine Aufgabe ist überaus anspruchsvoll: Es gilt, das Unternehmen langfristig zu verändern – oft mit weitreichenden Konsequenzen. Es sollten daher unbedingt Externe ins Team mitaufgenommen werden. So beugen Sie der Betriebsblindheit vor.

Wählen Sie die Mitglieder so aus, dass sich ihre Sachkenntnisse gut ergänzen. Eine möglichst ausgewogene Mischung sorgt auch für größere Objektivität. Sehr gut vernetzte Mitarbeiter können das Team ebenfalls bereichern. Denn über ihre

Netzwerke können Sie möglicherweise neue Kunden, neue Partner, neue Banken und neue Investoren finden. Und das kann nie schaden.

Das Core-Verbesserungsteam besteht idealerweise aus firmeninternen Mitgliedern und Außenstehenden: Führungskräften, Aufsichtsratsmitgliedern, Beratern, Beiräten, Steuerberatern, ehemaligen Managern vergleichbarer Unternehmen, Investoren und Ähnlichen.

Bemessen Sie die **Anzahl der Mitglieder** so, dass das Team jederzeit schnell handeln kann. Meist bietet sich eine Größe von etwa vier bis acht Personen an; bei größeren Unternehmen können es auch mehr Teilnehmer sein. Bestimmen Sie eine Person, die als **Teamleiter** fungiert.

Außer einem Vorsitzenden gibt es im Personal-Trainer-Team keine Hierarchie. Dieser Vorsitzende führt auch gleichzeitig das Protokoll und leitet die Sitzungen. Konkret bedeutet das Folgendes:

- Er schafft eine konstruktive Arbeitsatmosphäre.
- Er bewegt alle dazu, sich aktiv zu beteiligen und Stellung zu beziehen.
- Er bringt die verschiedenen Kenntnisse und Erfahrungen zusammen.
- Er leitet die primäre Kommunikation mit dem Unternehmensmanagement.
- Er moderiert und wirkt als Mediator.

Falls sich während des Core-Trainings herausstellt, dass sich die Prioritäten geändert haben, kann das Kick-off-Team einzelne Mitglieder des Core-Verbesserungsteams auswechseln. Eine zu häufige Umbesetzung sorgt allerdings für Unruhe.

Aufgaben
Das Core-Verbesserungsteam untersucht viele externe Faktoren, vor allem die technologischen, finanziellen und rechtlichen Rahmenbedingungen Ihres Unternehmens.

Es benennt Ziele und Projekte, setzt Meilensteine und vergibt Verantwortlichkeiten. Anschließend kontrolliert es, dass sich während des Core-Trainings alle daran halten. Dadurch baut es einerseits Leistungsdruck auf, vermittelt andererseits aber auch Ihrem Management Unterstützung und Vertrauen.

In diesem Umfeld erarbeiten Sie gemeinsam die zukünftige Strategie Ihres Unternehmens: Einzelne Teammitglieder sind für verschiedene Themenbereiche verantwortlich. Sie stellen ihre Zwischenergebnisse dem gesamten Team vor. Dieses erarbeitet anschließend gemeinsam Leitlinien zu folgenden Punkten:

- Unternehmensphilosophie
- Unternehmensziele
- Handlungsanweisungen und Ziele für die untergeordneten Teams
- Öffentlichkeitsarbeit

- Personal
- Finanzierung
- Beauftragung Dritter

Ihr Core-Verbesserungsteam sollte sich auch damit befassen, für Ihr Unternehmen neue Kontakte herzustellen: zu Behörden, Banken, weiteren Spezialisten, Kunden, Forschungseinrichtungen, neuen Finanzierungsquellen und ggf. neuem Personal.

Verhältnis zum Management und Einbindung in das Alltagsgeschäft
Die Informationen und Erkenntnisse, die das Core-Verbesserungsteam aus der Analyse des Ist-Zustands gewinnt, teilt es regelmäßig dem Management mit und hält es so ständig auf dem Laufenden. Bei kleineren Unternehmen stellt meist der Inhaber die Leitung oder ist zumindest Teil des Teams und somit ständig informiert. Räumen Sie Ihrem Personal-Trainer-Team nur in Ausnahmefällen eine aktive Rolle im Tagesgeschäft ein, etwa als Vermittler im Gespräch mit dem Betriebsrat oder in besonders heiklen Kundengesprächen. Schon allein Zeitgründe sprechen gegen eine allzu große Beteiligung am Tagesgeschäft. Außerdem würde Ihr Management leicht an Glaubwürdigkeit verlieren, wenn Ihr Core-Verbesserungsteam zu viel eingreifen würde. Es unterstützt die Unternehmensleitung, indem es ihr für Fragen zur Verfügung steht und sie berät.

▶ **Wichtig** Die Aufgaben des Personal-Trainer-Teams sind herausfordernd und verantwortungsvoll. Darüber sollten sich die Beteiligten von Anfang an im Klaren sein.

Für die notwendigen Analysen, Berichte, Projekte und Verhandlungen benötigen die Teammitglieder spezielles Fachwissen und viel Zeit. Das Datenmaterial, auf dem ihre Analyse aufbaut, ist möglicherweise unvollständig, nicht vorhanden oder fehlerhaft.

Auf der anderen Seite lassen sich am Ende des Prozesses auch sichtbare Erfolge nachweisen. Wenn das Personal-Trainer-Team gut arbeitet, kann es das Unternehmen nachhaltig zum Positiven verändern. Für Persönlichkeiten, die gerne Verantwortung übernehmen, ist diese Aufgabe sehr reizvoll.

4.1.2 Experten- und Projektteams

Benennen Sie gemeinsam mit Ihrem Kick-off-Team zusätzlich Expertenteams für spezielle Fragestellungen (wie beispielsweise Controlling). Sie entwickeln neue Konzepte für ihren jeweiligen Bereich und schlagen sie dem Core-Verbesserungsteam vor. Nachdem dieses die neuen Konzepte verabschiedet und freigegeben hat, setzen die Expertenteams die Maßnahmen selbst um und sind dafür verantwortlich, die gesteckten Ziele auch zu erreichen. Der Vorteil bei diesem Vorgehen liegt darin, dass jedes Expertenteam sich selbst motiviert, weil es seine Zukunft mitgestaltet.

Für besondere Anforderungen stellen Sie eigene Projektteams zusammen, z. B. für den Lagerumbau, die Verlagerung von Funktionen auf andere Unternehmenseinheiten oder für Zollschwierigkeiten.

Beachten Sie bei allen Teams, dass sie eine klare Struktur aufweisen, eindeutige Ziele und Zeitvorgaben bekommen und auf jeden Fall an Ihr zentrales Core-Verbesserungsteam berichten.

Tipps für die Umsetzung eines Kick-off-Meetings
Vor dem Kick-off-Meeting
- Überlegen Sie vorab, wen Sie in Ihr Kick-off-Team berufen wollen.
- Sprechen Sie die Kandidaten an und vereinbaren Sie einen Termin für das Kick-off-Meeting.
- Veranschlagen Sie für das Treffen mindestens einen halben Tag. Möglicherweise herrscht großer Gesprächsbedarf – und die Angelegenheit ist zu wichtig, um sie nebenbei abzuhandeln.
- Ihnen kommt im Kick-off-Meeting die Leitungsrolle zu. Bereiten Sie sich dementsprechend auf das Treffen vor:
  – Welche Themen möchten Sie bei diesem Erstgespräch aufgreifen? Notieren Sie sie, bringen Sie sie in eine sinnvolle Reihenfolge und planen Sie für alle Tagesordnungspunkte ausreichend Gesprächs- und Diskussionszeit ein. Möglicherweise haben die Mitglieder des Kick-off-Teams eigene Anliegen und Themen. Kalkulieren Sie dazu einen Punkt „Fragen/Anliegen" am Ende des Meetings ein.
  – Stellen Sie den Mitgliedern des Kick-off-Teams vorab eine Liste der Tagesordnungspunkte zur Verfügung. So können auch sie sich rechtzeitig vorbereiten.
  – Machen Sie sich Gedanken darüber, welchen grundlegenden Leitlinien Ihr Core-Trainingsprozess folgen soll.
  – Es kann durchaus sein, dass Mitglieder des Kick-off-Teams bereits detaillierte Maßnahmen zur Core-Verbesserung einbringen wollen. Das ist allerdings Aufgabe des Personal-Trainer-Teams. Erstellen Sie daher vorab einen Fragebogen, in den konkrete Vorschläge eingetragen werden können.
  – Denken Sie schon einmal darüber nach, wer geeignete Kandidaten für Ihr Personal-Trainer-Team sein könnten.

4.1 Die richtigen Leute für die langfristige Core-Stabilisierung auswählen

Beim Kick-off-Meeting
- Achten Sie auf eine offene und konstruktive Gesprächsatmosphäre.
- Falls sich das Gespräch zu sehr auf konkrete Maßnahmen konzentriert, verweisen Sie auf den Fragebogen, auf dem das Kick-off-Team seine Vorschläge notieren kann. Er wird anschließend dem Personal-Trainer-Team zur Verfügung gestellt.
- Um die Core-Stabilität Ihres Unternehmens langfristig zu verbessern, ist es wichtig, dass Mitarbeiter und Führungskräfte gleichermaßen in den Prozess einbezogen werden. Daher sollten Sie auch Bedenkenträger im Kick-off-Meeting zu Wort kommen lassen. Wer sich übergangen oder nicht ernst genommen fühlt, trägt Entscheidungen nicht gerne mit.
- Planen Sie „Ersatzkandidaten" für Ihr Personal-Trainer-Team ein. Denn möglicherweise wird nicht jeder Kandidat, der Ihnen geeignet scheint, auch zusagen.
- Bestimmen Sie eine Person, die als Leiter des Core-Verbesserungsteams infrage kommt. Planen Sie auch dafür einen „Ersatzkandidaten" ein.
- Lassen Sie das Kick-off-Meeting protokollieren und anschließend an die Teilnehmer austeilen. So sind alle Teammitglieder auf dem aktuellen Stand.

Nach dem Kick-off-Meeting
- Sprechen Sie diejenigen Personen an, die im Meeting als potenzielle Kandidaten des Core-Verbesserungsteams benannt wurden. Schildern Sie ihnen deutlich, welche Aufgaben auf sie zukommen, welche Schwierigkeiten die Aufgabe möglicherweise mit sich bringt und wie sie dafür entlohnt werden. Geben Sie ihnen ausreichend Zeit, um eine überlegte Entscheidung zu treffen.
- Signalisieren Sie den Angesprochenen deutlich, dass bei einer Absage keine negativen Folgen drohen. Ihr Personal-Trainer-Team soll seine Aufgaben schließlich aus freien Stücken und mit Motivation angehen – und nicht nur aus Angst vor möglichen Konsequenzen zusagen.
- Wenn Sie die finale Zusammensetzung Ihres Core-Verbesserungsteams kennen, vereinbaren Sie ein Erstgespräch. Dort klären Sie Folgendes:
    - **die Aufgaben des Teams:** Wer macht was? Wie werden Ergebnisse und Handlungen dokumentiert?
    - **den geplanten Zeitplan der Core-Verbesserung:** Wie lange soll die Analyse des Ist-Zustands dauern? Wann sollen die Ergebnisse in ein Konzept umgesetzt werden? Wann ist mit ersten Ergebnissen zu rechnen?
    - **das weitere Vorgehen:** Wie oft soll das Team in welcher Form zusammentreten?

4.2 Ist-Zustand analysieren

Ihre erste Aufgabe besteht darin, zusammen mit Ihrem Core-Verbesserungsteam eine möglichst genaue Analyse der Ist-Situation Ihres Unternehmens durchzuführen: Am Anfang steht einmal mehr der Core-Sixpack-Test (Kap. 1), der zeigt, wie sich die Umsetzung der kurz- und mittelfristigen Trainingsmaßnahmen (Kap. 2 und 3) auf Ihren Unternehmens-Sixpack ausgewirkt hat.

Stellen Sie außerdem die bisherige Unternehmensentwicklung – also die rechtlichen und wirtschaftlichen Verhältnisse – sowie die organisatorischen Grundlagen dar.

Diese Informationen ermitteln Sie am besten durch **persönliche Gespräche, Fragebogen** und **Datenanalysen**. Sie und der Leiter Ihres Personal-Trainer-Teams steuern diesen Prozess. Delegieren Sie notwendige Aufgaben an Mitarbeiter aus allen Abteilungen Ihres Unternehmens.

Sorgen Sie auf jeden Fall dafür, dass die Antworten der Mitarbeiter ehrlich ausfallen, wenn Sie die Informationen ermitteln. Machen Sie deutlich, dass klare und offene Worte geschätzt werden. Nur dann traut sich jeder Beteiligte, auch ggf. unangenehme Wahrheiten aufzudecken. Denn wenn Sie lediglich geschönte Informationen über Ihr Unternehmen erhalten, verschenken Sie Verbesserungspotenzial.

Um den Ist-Zustand Ihres Unternehmens zu ermitteln, benötigen Sie verlässliche Informationsquellen. Eine Auswahl finden Sie in Abb. 4.2 überblicksartig dargestellt. In Abschn. 4.2.1 bis 4.2.4 erhalten Sie zusätzliche Informationen und Tipps zu den einzelnen Quellen.

Nachdem Sie die Analyse abgeschlossen haben, erstellen Sie einen Prüfungsbericht, in dem die Verbesserungspotenziale sowie die aktuelle strategische und finanzielle Lage beschrieben werden. Im Anschluss daran setzen Sie Ihren Trainingsplan auf, der die passenden Maßnahmen zu den identifizierten Problemzonen auflistet.

4.2.1 Rechnungswesen: Finanzierungs-, Bilanz- und Erfolgskennzahlen ermitteln

Mit dem Core-Sixpack-Test haben Sie bereits sechs Kennzahlen kennengelernt. Manchmal ist es ratsam, weitere Kennziffern zu verwenden. In der Übersicht im Anhang (Kap. 9) finden Sie eine Auflistung der gängigen Kennziffern.

4.2 Ist-Zustand analysieren

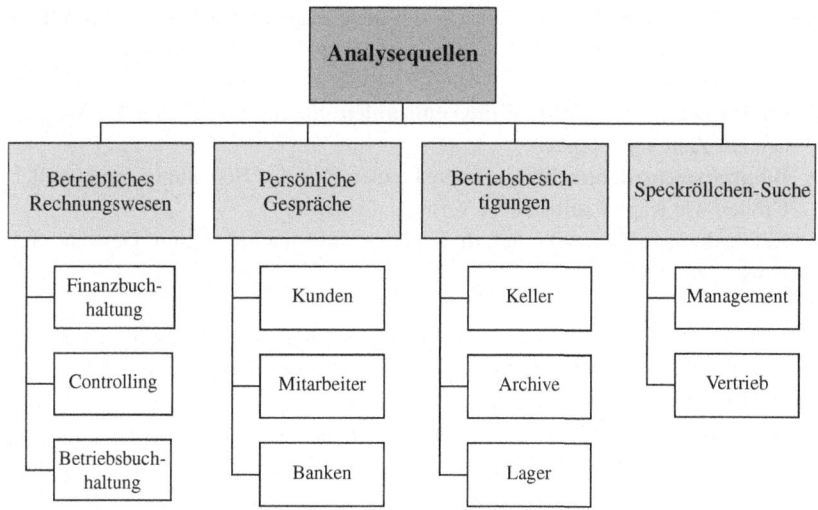

Abb. 4.2 Analysequellen – Übersicht

Wie gehen Sie bei der Auswahl weiterer Kennzahlen vor?
Überprüfen Sie zunächst Ihr betriebliches Rechnungswesen. Dabei begegnen Sie drei Bereichen mit Informationen: der Finanzbuchhaltung, der Betriebsbuchhaltung und dem Controlling. Setzen Sie sich dazu entweder selbst mit den drei Abteilungen in Verbindung, oder benennen Sie Verantwortliche für die entsprechenden Aufgaben (z. B. ein Mitglied des Core-Verbesserungsteams oder eines Expertenteams).

Die **Finanzbuchhaltung** ermittelt und dokumentiert den Güterumlauf in Ihrem Unternehmen und bereitet ihn in der vom Gesetzgeber in §§ 238 ff. HGB vorgeschriebenen Form auf.

Die **Betriebsbuchhaltung** ermittelt die angefallenen Kosten. Sie stellt alle Informationen für die praktische Planung und Kontrolle in Ihrem Betrieb bereit. Dazu gehören zum Beispiel die Prozesskostenrechnung, die Personalkostenrechnung, die Deckungsbeitrags-, Kostenstellen- und Kostenträgerrechnung.

Das **Controlling** wiederum analysiert die Daten, die die Betriebs- und Finanzbuchhaltung ermittelt haben. Es berechnet verschiedene Kennzahlen, an denen es abliest, ob und wie gut Ihr Unternehmen seine Ziele erreicht. Das Controlling unterstützt Sie also dabei, Ihr Unternehmen zu steuern und Ihre Ziele umzusetzen.

Nutzen Sie die Zahlen, die diesen drei Abteilungen vorliegen, und ermitteln Sie

- **Finanzierungs- und Liquiditätskennzahlen:** Sie liefern wichtige Informationen zur Zahlungsfähigkeit.
- **Bilanzstrukturkennzahlen:** Daran können Sie die Bedeutung struktureller Größen wie Kapitalaufbau oder Vermögen ablesen.
- **Erfolgskennzahlen:** Sie liefern wichtige Informationen, um Gewinn und Umsatz zu bewerten.

Wählen Sie die Kennziffern aus, die für Ihr Geschäftsmodell passend sind, und vergleichen Sie diese in der Entwicklung der letzten drei Jahre und in der Planung für die nächsten ein bis drei Jahre.

Dieses betriebsspezifische System von Kennzahlen stellen Sie am Anfang auf und verwenden es während des ganzen Core-Trainingsprozesses weiter. Damit beurteilen Sie den Erfolg Ihrer Maßnahmen.

4.2.2 Persönliche Gespräche

Ein chinesisches Sprichwort besagt: „Im Gespräch mit einem wirklichen Menschen lernt man an einem Abend mehr als in zehn Jahren aus Büchern."

Für Sie bedeutet das: Im persönlichen Gespräch erfahren Sie, wie die Stimmung Ihrer Mitarbeiter ist, wo es im Arbeitsalltag gut läuft und wo noch Verbesserungspotenzial besteht. Damit auch alle Mitarbeiter den Prozess der Core-Verbesserung aktiv mittragen, informieren Sie sie rechtzeitig darüber, dass Sie Veränderungen planen. Betonen Sie dabei, wie wichtig das ehrliche und offene Feedback der Mitarbeiter ist, um Verbesserungen anzustoßen.

Sprechen Sie mit Ihren Mitarbeitern, Vertretern Ihrer Bank, mit Analysten, mit Lieferanten und Betriebsräten.

Damit Sie Ihr Unternehmen treffend beurteilen können, müssen Sie vor allem die Meinungen Ihrer Kunden kennen. Befragen Sie daher ausgewählte Kunden – gute und schlechte – umfassend und eingehend in Gesprächen nach ihrer Beurteilung der Lage. Kunden erläutern meist gern, was sie an Ihrem Unternehmen am meisten schätzen und was ihnen verbesserungswürdig erscheint. Daraus erkennen

4.2 Ist-Zustand analysieren

Sie den Wert jeder Leistung, die Ihr Unternehmen bereits anbietet oder zukünftig einführen will.

Überprüfen Sie in Ihren Gesprächen, wie wichtige Merkmale wie Service, Qualität, Schnelligkeit, Flexibilität und Pünktlichkeit der Lieferungen beurteilt werden. Und bilden Sie sich von diesen Kriterien eine zusätzliche Vorstellung, wenn Sie Betriebsbesichtigungen durchführen.

> **Tipps für die Umsetzung für einen Mitarbeiterfragebogen**
> - Sie und Ihr Core-Verbesserungsteam sollten vorab eine Reihe von Punkten definieren, die in den Fragebogen für die Mitarbeiter abgefragt werden sollen, z. B.:
>   - „Wie schätzen Sie das allgemeine Betriebsklima ein, und woran machen Sie das fest?"
>   - „Gibt es in Ihrem Arbeitsalltag etwas, das Sie als problematisch oder umständlich empfinden (z. B.: Arbeit mit einem veralteten EDV-Programm)?"
>   - „Haben Sie Vorschläge zur Verbesserung Ihrer konkreten Arbeitsprozesse?"
>   - Die Liste können Sie unbegrenzt erweitern. Achten Sie in jedem Fall darauf, dass die Mitarbeiter ausreichend Platz für eigene Vorschläge haben.
> - Werten Sie den Mitarbeiterfragebogen und das Feedback von Kunden, Lieferanten, Bankvertretern etc. anschließend so aus, dass ein schneller Überblick möglich ist. Orientieren Sie sich dazu an Tab. 4.1 und 4.2.
> - Dokumentieren Sie die Ergebnisse so, dass alle Mitglieder des Personal-Trainer-Teams Zugang zu den Auswertungen haben und sie zu einem späteren Zeitpunkt für das Trainingskonzept aufgreifen können.

Tab. 4.1 Erkenntnisse aus dem Mitarbeiterfragebogen (Muster)

Bereich	Kritik	Verbesserungsvorschläge (ggf. mit Priorisierung)
Betriebsklima		
Betriebsabläufe		
Verantwortlichkeiten		
Arbeitsmittel/Ausstattung		
Weitere Bereiche …		

Tab. 4.2 Erkenntnisse aus dem Feedback von Kunden, Lieferanten, Analysten etc. (Muster)

Bereich	Kritik	Verbesserungsvorschläge (ggf. mit Priorisierung)
Service		
Qualität		
Schnelligkeit		
Flexibilität und Pünktlichkeit der Lieferungen		
Weitere Bereiche …		

4.2.3 Betriebsbesichtigungen

Echtes Verbesserungspotenzial erkennen Sie nur vor Ort. Machen Sie sich deshalb die Mühe: Steigen Sie in den Keller, fahren Sie zu Außenlagern und Betriebsstätten. Auf Ihrer Betriebsbegehung erkennen Sie womöglich weitere Ansatzpunkte für Veränderungen. Achten Sie dabei auf folgende Punkte:

Betriebsgelände
- Ist die Betriebsfläche angemessen, also weder zu groß noch zu klein?
- Liegt das Unternehmen verkehrsgünstig für Lieferanten und Co.?
- Sind die Lieferzufahrten leicht als solche erkennbar, problemlos befahrbar und gut gesichert?
- Wie groß ist der Einzugsbereich Ihres Unternehmens? Könnte er durch eine andere Standortwahl vergrößert werden – und wäre das überhaupt sinnvoll?
- Gibt es Verbesserungspotenzial bei den Binnentransportwegen?
- Werden Umweltschutzvorschriften eingehalten?
- Ist Ihre Stromversorgung gut und preisgünstig? Wäre ein Wechsel zu einem günstigeren Anbieter problemlos durchführbar?
- Wie sind die Anlagen räumlich aufgeteilt? Wird der Platz optimal ausgenutzt?
- In welchem Zustand ist das Betriebsgelände ganz allgemein?

Verwaltungs- und Produktionsgebäude
- In welchem Zustand befinden sich die betreffenden Gebäude?
- Werden die Kapazitäten ausgeschöpft, oder sind die Anlagen zu großflächig dimensioniert?
- Würde sich eine Expansion für Sie lohnen? Wäre das grundsätzlich überhaupt möglich?
- Könnten nicht genutzte Gebäude für andere Zwecke verwendet werden?
- Wie sauber sind Verwaltungs- und Produktionsgebäude?
- In welchem Zustand sind die Lagerstätten?

4.2 Ist-Zustand analysieren

Maschinen und Einrichtungen
- Wie alt sind die Anlagen?
- In welchem Zustand sind Maschinen und Einrichtungen?
- Sind sie regelmäßig ausgelastet?
- Entsprechen sie dem aktuellen technologischen Standard?
- Wie steht es um die tatsächliche Produktionskapazität?
- Wie umfangreich ist das vorgehaltene Material? Ließen sich hier Einsparungen vornehmen? Oder sollte der Bestand lieber ausgebaut werden?
- Sind die Arbeitsmittel, die den Mitarbeitern zur Verfügung stehen, ausreichend und zeitgemäß?

Produktionsprozess
- Sind die Produktionsverfahren zeitgemäß?
- Ist der Fertigungsablauf logisch aufgebaut? Oder gibt es Schwachstellen?
- Passt der Lagerbestand zur Produktionsmenge? Halten Sie unnötig viele Materialien oder Waren auf Vorrat? Oder umgekehrt: Sollten Sie mehr Materialien oder Waren auf Lager halten, um kurzfristig liefern zu können?
- In welchem Zustand befinden sich die gelagerten Waren bzw. das gelagerte Material?
- Wie hoch sind die Lagerhaltungskosten? Stehen sie in einem ausgewogenen Kosten-Nutzen-Verhältnis?
- Gibt es ein System zur Bestandsprüfung? Und wenn ja, wie effizient ist es?

Betriebsklima
- Wie ist der Umgang mit den Mitarbeitern?
- Wie empfinden Sie die Stimmung im Betrieb?
- Funktioniert die innerbetriebliche Zusammenarbeit gut?
- Welches Führungsverhalten legt das Management an den Tag?
- Sind die Räume so eingerichtet, dass sie das Betriebsklima fördern (z. B. Pausenraum vorhanden, nicht zu viele Großraumbüros)?

Tipps für die Umsetzung von Betriebsbesichtigungen
- Kommunizieren Sie den Mitarbeitern, dass die Betriebsbesichtigungen keine Kontrolle ihrer Arbeit darstellen, sondern dass Sie sich ein realistisches Bild vom Unternehmen machen wollen. Es wäre verschenktes Potenzial, wenn man Ihnen eine geschönte Version des Alltags vorführen würde, um Sie „in Sicherheit zu wiegen". Eventuell lohnen sich daher unangekündigte Besichtigungen. Im Nachhinein sollten Sie den Zweck des Vor-Ort-Besuchs dann allerdings klar kommunizieren.

- Nehmen Sie die voranstehende Liste als Vorlage für eine Checkliste bei den Besichtigungen und ergänzen Sie sie um weitere Aspekte. Dabei können Sie auch solche Punkte notieren, die in Mitarbeitergesprächen besonders oft als Ansatzpunkt für Verbesserungen genannt wurden.
- Idealerweise sollten Sie die Betriebsbesichtigungen zu zweit (oder ggf. zu dritt) unternehmen. Denn jeder nimmt seine Umwelt anders wahr. Wenn mehrere Leute das Unternehmen besichtigen, kommen mehr verwertbare Informationen zusammen und Sie vermeiden subjektive Verzerrungen.
- Dokumentieren Sie Ihre Erkenntnisse so, dass sie für das gesamte Team nachvollziehbar sind. Orientieren Sie sich dabei an Tab. 4.3. Die Auswertungsbogen müssen für alle Mitglieder dieses Gremiums zugänglich sein.

4.2.4 Speckröllchen-Suche: Optimierungspotenzial ausmachen

Abgesehen von den Analyseschritten, die wir Ihnen in Abschn. 4.2.1 bis 4.2.3 vorgestellt haben und die begleitenden Charakter haben, gibt es noch eine weitere Analysemethode, die die Erkenntnisse aus den persönlichen Gesprächen und den Besichtigungen ergänzen sollte. In Unternehmen mit wirtschaftlichen Problemen könnte man sie Krisenradar nennen. Bei fitten Unternehmen sprechen wir lieber von der Speckröllchen-Suche.

Konkret geht es darum, Indikatoren in verschiedenen Bereichen des Unternehmens zu ermitteln, an denen sich ablesen lässt, wie gut das Unternehmen dasteht. Analysieren Sie dazu alle einzelnen Bereiche Ihres Unternehmens: vom Management über Finanzen/Controlling, Personalwesen, Absatz, Produktion und Investition, Beschaffung und Logistik bis hin zu Organisation, Forschung und Ent-

Tab. 4.3 Erkenntnisse aus der Betriebsbesichtigung (Muster)

Bereich	Identifizierte Problemstelle	Mögliche Maßnahmen zur Verbesserung (ggf. mit Priorisierung)
Betriebsgelände		
Verwaltungs- und Produktionsgebäude		
Maschinen und Einrichtungen		
Produktionsprozess		
Betriebsklima		

4.2 Ist-Zustand analysieren

wicklung. Besonders gut eignen sich dazu interne Workshops mit dem Personal-Trainer-Team (und ggf. Experten für einzelne Bereiche), aber Sie können auch Strategie- oder Unternehmensberater in die Speckröllchen-Suche einbeziehen. In der folgenden Checkliste finden Sie Anregungen, wo möglicherweise noch Potenzial schlummern könnte, aber bleiben Sie trotzdem offen für Ihre eigenen Eindrücke.

Management
- Ist die Führungsebene des Unternehmens offen für Neuerungen, oder beharrt die Unternehmensleitung auf traditionellen Konzepten?
- Ist der Führungsstil demokratisch?
- Wie hoch ist die Fluktuation? Wechseln die Führungskräfte regelmäßig ihre Posten, oder ist die Zusammensetzung des Managements weitgehend konstant?
- Wie ist es um die Fähigkeit und Bereitschaft des Managements zur Delegation von Aufgaben bestellt?
- Trifft die Führungsebene klare Entscheidungen, zu denen sie auch im Nachhinein steht?
- Hat das Management einen Überblick über die Unternehmensprozesse, und kontrolliert es sie?
- Sind sich die Führungskräfte in wesentlichen Punkten einig, oder gibt es Streit innerhalb des Managements und/oder mit dem Firmeneigentümer?

Personal
- Wie ist die Stimmung im Unternehmen? Wirken die Mitarbeiter motiviert?
- Wie qualifiziert ist das Personal für seine entsprechenden Aufgaben? Gibt es regelmäßige Mitarbeiterschulungen?
- Wie wird intern mit Wissen umgegangen? Wird es (z. B. mithilfe interner Wissensdatenbanken) geteilt oder eher bei einzelnen Mitarbeitern aggregiert?
- Ist die Personalplanung vorausschauend und angemessen?
- Werden besonders wertvolle Mitarbeiter auch leistungsgerecht entlohnt?
- Machen Ihnen ausgeschiedene Mitarbeiter mit vergleichbaren Dienstleistungen oder Produkten Konkurrenz?
- Wie ist die Altersstruktur der Mitarbeiter? Ist in naher Zukunft ein Verlust von Know-how zu befürchten, weil viele qualifizierte Mitarbeiter vor der Pensionierung stehen?

Organisation
- Wie gut stimmen sich die einzelnen Bereiche des Unternehmens ab? Gibt es möglicherweise Stellen, an denen die interne Kooperation verbessert werden könnte?

- Wie fest sind einzelne Bereiche strukturiert? Gab es in der Vergangenheit mehrfach Umstrukturierungen? Oder sind die Bereiche seit Langem festgelegt? Regelmäßige Überprüfungen sind durchaus sinnvoll, allerdings sorgen zu viele Umstrukturierungen für Unruhe und im schlimmsten Fall für Unsicherheit und Chaos.
- Passt die Rechtsform des Unternehmens zum Betrieb? Oder wäre eine andere Form angemessener?

Forschung und Entwicklung
- Welchen Stellenwert nehmen Forschung und Entwicklung in Ihrem Unternehmen ein?
- Gibt es ein klares F&E-Konzept?
- Welche Rolle spielen Forschung und Entwicklung bei Ihren Mitbewerbern?

Beschaffung und Logistik
- Ist das Unternehmen an bestimmte Rohstoffquellen und Lieferanten gebunden? Oder wechselt es seine Bezugsquellen regelmäßig? Gibt es andere Lieferanten, die ggf. bessere Konditionen anbieten?
- Ist der Fuhrpark zu gering oder zu stark ausgestattet? Stehen die Kosten des Fuhrparks in einem angemessenen Verhältnis zu seinem Nutzen?
- Gehen die Mitarbeiter aus dem Einkauf strategisch und vorausschauend vor?

Produktion
- Wie vielfältig ist die Produktion?
- Wie steht es um die eingesetzten Technologien: Sind sie auf dem neuesten Stand? Sind sie möglicherweise etwas veraltet oder – im Gegenteil – zukunftsweisend, aber noch relativ unerprobt?
- Gibt es einen oder mehrere Verantwortliche, die die Fertigung steuern?
- Gibt es eine offizielle Qualitätssicherung?
- Wie hoch ist die Ausschussquote?
- Rechnen Sie einmal durch: Lohnt sich die Produktion für Sie, oder wäre ein Outsourcing wirtschaftlich sinnvoller?
- Wie oft kommt es zu Produktionsengpässen? Gibt es einen Notfallplan, wie mit einem solchen Engpass umzugehen ist?

Absatz
- Wie zeitgemäß sind Ihre Produkte?
- Bedienen die Produkte die Anforderungen der Kunden?
- Ist die Qualität Ihrer Produkte angemessen?

4.2 Ist-Zustand analysieren

- Gibt es etwas, das in Ihrer Produktpalette fehlt? Oder ist Ihre Produktpalette zu breit?
- Wie sinnvoll ist Ihr Produktportfolio strukturiert?
- Wie steht es um die Lebenszyklusstruktur Ihrer Produkte?
- Passen Preis und Produkt zusammen? Ist das Produkt seinen Preis wert, und ist das auch für Sie rentabel?
- Wie sind die Vertriebswege aufgestellt? Gibt es an dieser Stelle Optimierungspotenzial?
- Ist der Vertrieb gut organisiert?
- Wie kundenorientiert tritt der Vertrieb auf?
- Haben Sie einen (sehr) guten Service?
- Welches Image hat Ihre Marke bei (potenziellen) Kunden?

Investitionen
- Tätigen Sie Investitionen?
- Überprüfen Sie regelmäßig, inwiefern sich die Investitionen kurz-, mittel- und langfristig lohnen?
- Kommen die Investitionen zum richtigen Zeitpunkt, also weder zu früh noch zu spät?
- Wie zutreffend sind Ihre Einschätzungen hinsichtlich des Investitionsvolumens und -risikos?

Finanzen/Controlling
- An welchen Kennziffern in Ihrem Rechnungswesen (Abschn. 4.2.1) haben Sie Verbesserungspotenzial ausgemacht?
- Wie zuverlässig sind Kostenrechnung und Kalkulation?
- Werden unternehmerische Erfolge nach verschiedenen Kriterien aufgeschlüsselt und ausgewertet, um daraus Schlüsse für die Zukunft zu ziehen?
- Gibt es eine vorausschauende, detaillierte Finanzplanung?
- Verfügt Ihr Unternehmen über ein Frühwarnsystem, falls es einmal nicht so gut läuft?
- Bei langfristigen Finanzierungen: Sind Fristen und Bedingungen klar abgestimmt und dokumentiert?

IT-Management
- Gibt es ein ganzheitliches IT-Management mit einer geeigneten Datenverarbeitung für ein leistungsfähiges Controlling?

- Welche Funktionen müssen die IT-Systeme erfüllen? Erstellen Sie zunächst Anforderungsprofile und arbeiten Sie dann auf Basis einer Kosten-Nutzen-Bewertung Empfehlungen für Hard- und Software aus.

Unternehmensstrategie
- Gibt es eine klar definierte Unternehmensstrategie?
- Passen Sie sie regelmäßig an?
- Passt die Strategie zum Unternehmensumfeld (Branchenentwicklungen etc.)?
- Ist die Strategie zukunftsfähig – oder besser noch: zukunftsweisend?

Externe Faktoren
- Gibt es Konjunkturschwankungen, die sich auf Ihren Absatz auswirken könnten?
- Was läuft derzeit gut, könnte aber in Zukunft weniger gut laufen oder gar zum Problem werden?
- Wie ist die Wettbewerberstruktur?
- Könnte es zukünftig eine Bedrohung durch neue Produkte geben?
- Wie wirken sich (gesetzliche, gesellschaftliche, technologische) Einflüsse auf Ihr Unternehmen aus?

Dokumentieren Sie die Ergebnisse Ihrer Speckröllchen-Suche transparent und nachvollziehbar. Orientieren Sie sich dabei auch an Tab. 4.4.

Es gibt eine Reihe möglicher Analysemethoden, die Sie anwenden könnten, um Ihre Ergebnisse auszuwerten. Dazu zählen beispielsweise die SWOT-Analyse, die Alchimedus-Potenzialanalyse (vgl. Kugler 2005) oder die externe strategische Success DNA-Analyse (www.successdna.de). Die Ergebnisse dieser oder ähnlicher Analysen fassen Sie dann mit allen anderen Erkenntnissen und Fakten aus der Core-Analyse in einem **Prüfungsbericht** zusammen. Dieser untersucht Verbesserungspotenziale und liefert eine Bestandsaufnahme der strategischen und finanziellen Lage, der Ertragslage sowie der Managementkapazität. Anhand dieser Informationen bewerten Sie die Schwachstellen Ihres gesamten Geschäftssystems, die Sie nun langfristig abbauen können. Erst dann können Sie einen langfristigen Trainingsplan (Abschn. 4.3) aufstellen.

Tab. 4.4 Erkenntnisse aus der Speckröllchen-Suche (Muster)

Bereich	Identifizierte Problemstelle	Mögliche Maßnahmen zur Verbesserung (ggf. mit Priorisierung)
Management		
Personal		
Organisation		
Forschung und Entwicklung		
Beschaffung und Logistik		
Produktion		
Absatz		
Investitionen		
Finanzen/Controlling		
IT-Management		
Unternehmensstrategie		
Externe Faktoren		

4.3 Konzept für die langfristige Core-Verbesserung erstellen

Die Analyse und Auswertung Ihrer aktuellen Unternehmenssituation hat sicher das eine oder andere Speckröllchen enthüllt. Nun geht es darum, die Core-Stabilität Ihres Unternehmens nachhaltig mit langfristigen Maßnahmen zu stärken. Setzen Sie einen Trainingsplan auf, in dem die identifizierten Schwachstellen, die Trainingsziele und die entsprechenden Maßnahmen konkret benannt werden.

Sie können dabei zwei Vorgehensweisen wählen, je nachdem, wie Ihr Personal-Trainer-Team aufgestellt ist und für wie kompetent Sie Ihr Management halten.

Variante 1: Workshop-Ansatz
Erarbeiten Sie den neuen Trainingsplan für Ihr Unternehmen in gemeinsamen Sitzungen mit dem Aufsichtsrat und dem Management. Veranstalten Sie die Sitzungen als Workshops, auf denen Sie nach und nach Ihre neue Strategie formulieren. In diesem Zeitraum wirken Aufsichtsrat und Management häufig und intensiv zusammen, sowohl fachlich als auch menschlich. Legen Sie in Ihrem Trainingsplan fest, welche Ziele Sie langfristig mit welchen Maßnahmen erreichen möchten.

Achten Sie darauf, dass die Ziele messbar sind. Legen Sie auch den Rahmen fest, wann die einzelnen Ziele erreicht sein sollen.

Variante 2: Reality-Check-Ansatz
Bei diesem Ansatz erarbeitet das Management die Strategie, das Core-Verbesserungsteam prüft sie anschließend und passt sie bei Bedarf an. Dabei stellt es sicher, dass die Pläne und Budgets, die Ihr Management entworfen hat, plausibel und erreichbar sind.

Es hilft, alte Denkmuster zu überwinden, indem es kritische Fragen stellt und dabei Sachverhalte aufdeckt, die das Management nicht oder anders bewertet hat. Je mehr Kenntnisse die Personal Trainer in den entsprechenden Bereichen Ihres Unternehmens mitbringen, desto mehr können sie im Rahmen eines Workshops aktiv dazu beitragen, die neue Strategie zu formulieren. Eventuell können Sie auch externe Strategie- oder Unternehmensberater hinzuziehen, die Ihnen dabei helfen, einen Trainingsplan für die Core-Stabilisierung aufzusetzen.

4.3.1 Trainingsmaßnahmen zusammenstellen

Notieren Sie die identifizierten Schwachstellen (Speckröllchen), die Sie in den einzelnen Bereichen angehen möchten. Halten Sie ebenfalls fest, welche Maßnahmen Sie dafür einplanen, wann die einzelnen Umsetzungsziele erreicht sein sollen und wie wichtig die Maßnahme für Ihre Core-Stabilisierung ist. Nehmen Sie Tab. 4.5 als Ausgangspunkt für Ihr langfristiges Trainingskonzept.

Bleiben Sie bei Ihrer Linie, und ändern Sie nicht täglich die Prioritäten. Achten Sie dabei auch auf eine stimmige Kommunikation – sowohl nach innen als auch nach außen. Halten Sie sich dabei an den Satz von Dale Carnegie: „Ehrliche, herzliche Begeisterung ist einer der wirksamsten Erfolgsfaktoren." Wie die Führung, so die Kommunikation. Vermittelt die Führung im Unternehmen Begeisterung, dann werden die Mitarbeiter sie aufnehmen.

Bringen Sie den Trainingsplan, den Sie für die Core-Verbesserung Ihres Unternehmens erarbeitet haben, Ihren wichtigsten Ansprechpartnern nahe: dem Management, den Mitarbeitern, dem Betriebsrat, den Banken, den Partnern, den Kunden und den Lieferanten. Bei allen diesen Gruppen sollte die Geschäftsleitung während der Core-Verbesserung verstärkt Präsenz zeigen und den Willen zum Umbau des Unternehmens vorleben. Dadurch bauen Sie Vertrauen auf und sorgen für Kontinuität.

4.3 Konzept für die langfristige Core-Verbesserung erstellen

Auch intern gilt: Wenn Ihr Topmanagement beim Core-Training mit gutem Beispiel vorangeht, signalisiert es damit, wie wichtig alle einzelnen Projekte sind. Das sorgt für eine große Glaubwürdigkeit und kann auch die Mitarbeitermotivation enorm erhöhen.

▶ **Praxistipp: Betrachten Sie die Kosten für die Core-Verbesserung gesondert** Es wird einige Zeit dauern, bis Sie alle unnötigen Kosten abgebaut haben, weil Sie Kündigungsfristen und andere rechtliche Bestimmungen beachten müssen. Erfassen Sie diese Kosten schon während der Core-Verbesserung außerhalb Ihrer gewöhnlichen betriebswirtschaftlichen Auswertung. Dann fällt es Ihnen leichter, Ihre tatsächlichen Ergebnisse ohne die Altlasten zu dokumentieren.

Sie lösen einen Lagerraum auf, aber der Mietvertrag läuft noch vier Monate und belastet Ihr unternehmerisches Ergebnis? Fassen Sie solche Kosten als interne Core-Verbesserungskosten zusammen. Umgekehrt gehören externe Beratungskosten, Schulungen und Ähnliches dann zu den externen Core-Verbesserungskosten.

4.3.2 Mehr als nur ein paar Trainingseinheiten: umfassende Core-Verbesserung

Falls Sie sich für eine umfassende Core-Verbesserung entscheiden, sollten Sie zusätzlich zu den geplanten Maßnahmen am besten einen **neuen Businessplan** erstellen. Dieser umfasst Erläuterungen zu folgenden Punkten:

- Produkt
- Unternehmerteam
- Marketingstrategie
- Organisation
- Chancen und Risiken
- Finanzierung
- Finanzplan

Beginnen Sie mit diesem Businessplan schon, während Sie die ersten Maßnahmen der Core-Verbesserung in Angriff nehmen. Je nach Vorbereitung und Leistungsstand können Sie ihn zügig abschließen – bei bestehenden Unternehmen sollte dies nicht mehr als vier Wochen beanspruchen.

Machen Sie sich selbst Gedanken über Ihre Zukunft
Es gibt viele Anlaufstellen für Existenzgründer – dort können auch Sie sich Ideen beschaffen, wie Sie einen Businessplan schreiben. Das Management, das Personal-Trainer-Team und Sie sollten ihn erstellen. Wenn ein Außenstehender dies übernimmt, wird der Plan nicht authentisch gelingen und den weiteren Verlauf der Core-Verbesserung hemmen. Das bedeutet aber nicht, dass Sie keine professionelle Hilfe in Anspruch nehmen sollten.

Grundsätzlich gilt: Das künftige Konzept muss keine Kostenart und keinen Aufwand aus der vorangegangenen Zeit zwangsläufig enthalten. Trennen Sie alle notwendigen von den überflüssigen Kosten. Begründen Sie jede Kostenart und jeden Aufwand neu – Sie werden staunen, mit wie wenig Aufwand Sie Ihre unternehmerische Fitness steigern können.

Gewinnen Sie auch strategische Partner
Wie auch bei den Sofortmaßnahmen gilt: Für manche Übungen benötigen Sie einen oder mehrere Partner. Wenn Sie größere Veränderungsmaßnahmen umsetzen wollen, sollten Sie rechtzeitig Eigner, Mitarbeiter, Banken, Schlüsselkunden und strategische Partner einbeziehen. Wenn Sie sie für Ihr neues Konzept gewinnen, ist das ein wichtiger Schritt auf dem Weg zu Ihrem Trainingsziel, der perfekten unternehmerischen „Strandfigur".

> **Ihr Transfer in die Praxis**
>
> Auch wenn die langfristige Core-Verbesserung recht aufwendig ist, lohnt sie sich doch in den allermeisten Fällen. Führen Sie sie in regelmäßigen Abständen (z. B. alle fünf Jahre) durch, aber ruhen Sie sich auch zwischenzeitlich nicht einfach auf Ihren Erfolgen aus.
>
> Überwachen Sie vor allem solche Punkte ganz regelmäßig, die besonders anfällig sind für Speckröllchen. Dann können Sie mit schnellen Sofortmaßnahmen dafür sorgen, dass sich keine größeren Fettpolster ansammeln können. Um den betriebswirtschaftlichen Erfolg Ihres langfristigen Core-Trainings zu überprüfen, sollten Sie die Kennzahlen, die Sie in Abschn. 4.2.1 ermittelt haben, noch einmal nach der Umsetzung Ihres langfristigen Trainingsplans abfragen. Sie werden sehen: Das Training lohnt sich!

Tab. 4.5 Langfristiges Konzept für die Core-Verbesserung

Bereich	Schwachstelle	Maßnahmen	Zielerreichung: Wann gilt ein Ziel als erreicht? Geplanter Termin?	Priorität
Produkte Portfolio Kosten Qualität Lebenszyklusstruktur Preis-Leistungs-Verhältnis Kosten-Nutzen-Verhältnis Innovation Image Reklamationen Absatz				
Marketing Zielgruppenfokus Kosten-Nutzen-Verhältnis Maßnahmen Anzahl der Mitarbeiter Qualifikation der Mitarbeiter				
Vertrieb Kosten Personal Struktur Wege Kosten-Nutzen-Verhältnis Kundenorientierung				

(Fortsetzung)

Tab. 4.5 (Fortsetzung)

Bereich	Schwachstelle	Maßnahmen	Zielerreichung: Wann gilt ein Ziel als erreicht? Geplanter Termin?	Priorität
Personal Qualifikation Anzahl der Mitarbeiter Altersstruktur Entlohnung Betriebsklima Serviceorientierung Abteilungen (Anzahl, Aufbau, Struktur)				
Ausgaben Materialien Forschung und Entwicklung Investitionen Personal EDV Dienstleister Gebäude Fuhrpark Maschinen				
Einnahmen Produkte Auftragslage Preis-Leistungs-Verhältnis				

(Fortsetzung)

Tab. 4.5 (Fortsetzung)

Bereich	Schwachstelle	Maßnahmen	Zielerreichung: Wann gilt ein Ziel als erreicht? Geplanter Termin?	Priorität
Finanzielle Reserven Eigenkapitalquote Verhältnis kurzfristige und langfristige Finanzierung Rationalisierungspuffer Kapitaleinlagen der Gesellschafter Sicherheiten Kreditrahmen Stille Reserven Verbindlichkeiten				
Organisation Buchhaltung EDV Verantwortlichkeiten Aufbau/Unternehmenseinheiten Kompetenzen Unternehmensführung/ Management Beteiligungen Kooperationen Standort(e) Unternehmensgröße Notfallpläne und Krisenmanagement				

(Fortsetzung)

Tab. 4.5 (Fortsetzung)

Bereich	Schwachstelle	Maßnahmen	Zielerreichung: Wann gilt ein Ziel als erreicht? Geplanter Termin?	Priorität
Beschaffung und Logistik Lieferanten Lagerdauer und Lagerquote Standorte				
Produktion/Fertigung Maschinen Materialien Einrichtungen Menge Innovation Produktivität Qualitätssicherung Ausschuss Make-or-Buy-Entscheidungen				
Unternehmensstrategie Grundwerte/Unternehmensphilosophie Zieldefinition Erfolgsdefinition Businessplan Controlling Innovation				

(Fortsetzung)

4.3 Konzept für die langfristige Core-Verbesserung erstellen

Tab. 4.5 (Fortsetzung)

Bereich	Schwachstelle	Maßnahmen	Zielerreichung: Wann gilt ein Ziel als erreicht? Geplanter Termin?	Priorität
Kunden Anzahl an Großkunden Kundenbindung/Wechsel Kundenprofil und -struktur Zahlungsmoral Zufriedenheit Vertragsgestaltung				
Markt Wettbewerber Branchenrisiko Regionenrisiko Rahmenbedingungen Aktuelle Trends Mögliche zukünftige Veränderungen				

Literatur

Verwendete Literatur

Kugler, S.: Das Alchimedus Prinzip. Orell Füssli, Zürich (2005)

Weiterführende Literatur

Fechner, P.: Praxis der Unternehmenssanierung. Luchterhand, Neuwied (1998)
Harz, M., Hub, H.-G., Schlarb, E.: Sanierungsmanagement. Unternehmen aus der Krise führen. Verlag Wirtschaft und Finanzen, Düsseldorf (1999)
Kugler, S.: Der Alchimedus-Weg – Wie Sie Ihr Unternehmen revitalisieren. In: Knoblauch, Jörg (Hrsg.) Unternehmer beraten Unternehmen, S. 23–38. Gabal, Offenbach (2006)
Kugler, S.: SUCCESS-DNA: Die zwölf Gesetze des Erfolges. Kreutzfeldt digital, Hamburg (2015)
Kugler, S., Janda-Eble, H. von: Markenmanagement mit System: Wie Sie Ihre Marke strukturiert aufbauen und führen. Springer Gabler, Wiesbaden (2018)
Kugler, S., Rankl, D.: Horch, D: Gesunde Unternehmen: Mit Betrieblichem Gesundheitsmanagement zu mehr Erfolg. Kreutzfeldt digital, Hamburg (2015)
Kugler, S., Würzner, P.: Sales Performer: Wie Sie sich zur Top-Vertriebskraft entwickeln. Kreutzfeldt digital, Hamburg (2016)

Ratingbericht und Ratingdokumentation 5

Zusammenfassung

Damit Sie vorab beurteilen können, in welchem Umfeld sich Ihre Ratingnote bewegt, finden Sie in diesem Kapitel einen umfangreichen Fragenkatalog. Dieser umfasst praktisch alle Fragen, die Kreditinstitute und Ratingagenturen zur Messung der Qualität der Unternehmensführung aufgestellt haben. Außerdem erhalten Sie zu jedem Punkt Hintergrundinformationen und Tipps. Ihre eigene Bewertung können Sie direkt in den Text eintragen.

Was Sie aus diesem Kapitel mitnehmen
- welche quantitativen und qualitativen Faktoren bei einer Kreditanfrage eine Rolle spielen
- wie die einzelnen Faktoren gewichtet werden
- in welchem Umfeld sich Ihre Ratingnote bewegt

Um zukunftsfähig zu bleiben, müssen Unternehmen immer wieder Investitionen tätigen. Dazu benötigen sie in der Regel Fremdkapital. Die Konditionen, zu denen sie Kredite erhalten, hängen ganz wesentlich davon ab, wie die Finanzierungsgeber ihre Bonität einstufen (Rating). Unternehmen mit einem wohldefinierten Sixpack erhalten leichter Zugang zu Fremdkapital als solche mit ausgeprägten Speckröllchen – und meist auch zu besseren Konditionen.

Wie steht es um Ihren Unternehmens-Sixpack? Haben Sie die vorgestellten kurz- und langfristigen Trainingsmaßnahmen umgesetzt? Dann steht einem guten Rating von Finanzinstituten eigentlich nichts mehr im Wege.

Dazu beurteilen Kreditinstitute zunächst Ihre Kapitaldienstfähigkeit und Ihre Bonität, um die Ausfallwahrscheinlichkeit des Kredits abzuschätzen.[1] Bei der Ratingbeurteilung spielen quantitative und qualitative Kriterien eine nahezu gleichwertige Rolle.

Damit auch Sie vorab beurteilen können, in welchem Umfeld sich Ihre Ratingnote bewegt, finden Sie im Folgenden einen umfangreichen Fragenkatalog. Dieser umfasst praktisch alle Fragen, die Kreditinstitute und Ratingagenturen zur Messung der Qualität der Unternehmensführung aufgestellt haben. Außerdem erhalten Sie zu jedem Punkt Hintergrundinformationen und Tipps. Ihre eigene Bewertung können Sie direkt unter den jeweiligen Fragen eintragen. In Tab. 5.1 werden alle Ergebnisse zusammengetragen.

Wie gut steht Ihr Unternehmen bei den jeweiligen Ratingkriterien da?

Schreiben Sie zunächst auf, wie die aktuelle Umsetzung des jeweiligen Themas bei Ihnen aussieht.

Verwenden Sie bei der Bewertung dann die Skala des Selbstbewertungsmodells nach ISO-9004-Reifegradmodell:

5 – kein formaler Ansatz
4 – reaktiver Ansatz
3 – stabiler formaler systematischer Ansatz
2 – Schwerpunkt auf ständiger Verbesserung
1 – Bestleistung (nachgewiesen)

Notieren Sie abschließend unter „Nachweise", wie Sie die jeweilige Einschätzung belegen können.

1. Ist die unternehmerische Leitung persönlich und fachlich sehr gut für die Aufgaben qualifiziert?

Voraussetzung für den Unternehmenserfolg und damit die Rückzahlung von Darlehen sind die hohe Qualität und die persönliche Eignung der Unternehmensleitung. Letztendlich steht und fällt alles mit der Unternehmerpersönlichkeit. Neben der fachlichen und sachlichen Kompetenz kommt es z. B. auf die Fähigkeit an, Mitarbeiter zu motivieren und zu begeistern, sich als Unternehmer durchzusetzen, souverän mit hoher Arbeitsbelastung und Stress umzugehen und gleichzeitig die Risiken zu beachten.

---

[1] Je nachdem, welche Faktoren ein Finanzinstitut berücksichtigt, können die Kapitaldienstfähigkeit und die Bonität unterschiedlich beurteilt werden. Zu diesen Faktoren zählen unter anderem ein angemessener kalkulatorischer Unternehmerlohn, der Ertragssteuerbelastung der Gesellschafter, Reinvestitions-Notwendigkeiten, Einlagen der Gesellschafter, aber auch betriebswirtschaftliche Anforderungen an Mindestkapitaldiensterfordernisse bzw. von Tilgungs-Surrogaten.

Aktuelle Umsetzung im Unternehmen:

Eigene Bewertung nach ISO 9004:

Nachweise:

2. Verfügt das Unternehmen über eine angemessene Unternehmensplanung inkl. Finanz- und Liquiditätsplan?

Die Beschäftigung mit den Budgets und Jahresplanungen hat einen stark erzieherischen Effekt. Dabei werden die aktuellen Strukturen überprüft, die Wunschvorstellungen formuliert und zu Papier gebracht. Außerdem werden die Mitarbeiter durch den institutionalisierten Soll-Ist-Vergleich dazu verpflichtet, sich möglichst an die Zielvorgaben zu halten. Gerade Jahreszielvorgaben haben oft den Effekt einer sich selbst erfüllenden Prophezeiung. Je kompetenter und schlüssiger ein Finanzplan erstellt wurde, desto besser.

Zusätzlich sollten Sie die Erreichung der Zahlen oder ggf. auch Abweichungen monatlich prüfen und dies nachweisen. Die Organisation sollte über angemessene strategische Unternehmensziele in Form einer Jahresplanung mit Finanzplanung/Liquiditätsplan verfügen. Das beinhaltet auch ein systematisches Controlling mit einer betriebswirtschaftlichen Auswertung (BWA). Wenn Planzahlen nicht erreicht werden, müssen zudem Maßnahmen abgeleitet werden.

Aktuelle Umsetzung im Unternehmen:

Eigene Bewertung nach ISO 9004:

Nachweise:

3. Liegt der Bonitätsindex bei der Creditreform unter 300, besser: unter 250?
Wie sich der Bonitätsindex der Creditreform zusammensetzt, wurde bereits in Kap. 3 erläutert. Es gibt eine ganze Reihe von Möglichkeiten, die Sie ergreifen können, um Ihre Bewertung zu verbessern.

Viele der Bonitätskriterien lassen sich jedoch nicht kurzfristig vor einer Kreditaufnahme beeinflussen. Daher ist es sinnvoll, auf lange Sicht die Bonität zu verbessern. Diese verschlechtert sich zum Beispiel durch Kredithäufung, große Anzahl von Girokonten und Kreditkarten oder Negativeinträge wegen unbezahlter Rechnungen. Vermeiden Sie auch Einträge bei Auskunfteien über abgelehnte Mobilfunkverträge, unregelmäßige Kreditrückzahlungen oder Mahnverfahren. Ein langfristiges Arbeitsverhältnis wirkt sich dagegen positiv auf die Bonität aus.

Aktuelle Umsetzung im Unternehmen:

Eigene Bewertung nach ISO 9004:

Nachweise:

4. Haben Sie eine Zusammenfassung der Unternehmensstrategie als sogenanntes Executive Summary schriftlich formuliert?
Das Executive Summary dient als Zusammenfassung des Unternehmenskonzepts. Es enthält alle wesentlichen Elemente des Gründungs-, Investitions- oder Wachstumsvorhabens. Das Executive Summary soll kurz und knapp, aber anregend formuliert sein und Interesse wecken. Mehr als ein bis zwei Seiten sollte es nicht umfassen.

Von besonderem Interesse sind die Schilderungen des Geschäftsmodells, des Investitions- und Finanzbedarfs sowie der möglichen Umsätze: Wohin soll die Reise gehen? Was will ich erreichen? Wie will ich mich langfristig verbessern? Wie will ich das realisieren? Eine passende (Zukunfts-)Strategie, zusammengefasst in einem Executive Summary, ist ein wesentlicher Faktor für den Erfolg von Unternehmen und Organisationen. Erst wenn die Strategie stimmt, können die anderen Prozesse sinnvoll daran ausgerichtet werden. Eine regelmäßige Strategieüberprüfung ist für die kontinuierliche Verbesserung elementar. Das Executive Summary sollte auf aktuellem Stand sein.

5 Ratingbericht und Ratingdokumentation

Aktuelle Umsetzung im Unternehmen:

Eigene Bewertung nach ISO 9004:

Nachweise:

5. Sehen Ertragslage und Rentabilitätserwartungen für die Unternehmung sehr gut aus?

Wird die Ertragslage für das Unternehmen künftig gut aussehen? Stellen Sie die Planung für die nächsten drei Jahre dar. Es ist notwendig, hierbei die künftige Situation genau zu schildern und Nachweise zu erbringen. Für eine Kreditanfrage sollten Sie eine ansprechende Rentabilität in Aussicht stellen können, denn aufgrund einer positiven Rentabilität wird es Ihnen gelingen, die Kreditsumme zurückzuzahlen. Die Bewertung der Rentabilität reicht von >12 % (sehr gut) bis <0 (sehr schlecht). Die positive Rentabilität mündet in einen guten Cashflow. Wir erhalten daraus Informationen über die finanzielle Leistungsfähigkeit eines Unternehmens im Verhältnis zur Betriebsleistung. Wie Sie den Cashflow in Prozent der Betriebsleistung errechnen und bewerten, können Sie in Abschn. 1.4 nachlesen.

Aktuelle Umsetzung im Unternehmen:

Eigene Bewertung nach ISO 9004:

Nachweise:

6. Unterscheidet sich das Unternehmen klar vom Wettbewerb?

Der Wettbewerb wird weltweit immer intensiver. Durch verbesserte Informationssysteme schmelzen Zeitvorsprünge in der Entwicklung und Markteinführung in

Lichtgeschwindigkeit. Jeder ist über jeden und alles auf dem Laufenden. Nachahmer stehen oft besser da, weil die „Nachahmerentwicklungszeiten" deutlich kürzer sind. Ein einzigartiges Unternehmen und Geschäftsmodell sind Voraussetzungen dafür, sich aus der Masse hervorzuheben. Doch es reicht nicht, einfach einzigartig zu sein. Ein Unternehmen muss dies auch jeden Tag neu vermitteln. Die eigene Einzigartigkeit muss kurz, prägnant und werbewirksam auf einen Nenner gebracht werden. Das Ziel besteht darin, den Begehrlichkeitsfaktor zu erreichen.

Vermutlich verfolgt Ihr Unternehmen einen ähnlichen Geschäftszweck wie der Konkurrent um die Ecke. Wie können Sie sich dennoch abheben? Die eigene Wahrnehmbarkeit ist Trumpf, ungeachtet dessen, ob Sie Handwerker, Freiberufler oder Industrieller sind. Alle fühlen sich von einzigartigen Angeboten angezogen. Hat das Unternehmen Fähigkeiten, Talente, Ressourcen und Erfahrungen so kombiniert, dass ein unverwechselbares Angebot entstanden ist? Kunden sollen Ihr Angebot in wenigen Worten einordnen können.

Aktuelle Umsetzung im Unternehmen:

Eigene Bewertung nach ISO 9004:

Nachweise:

7. Verfügt das Unternehmen über lukrative Zielgruppen?

Bestimmte Kundengruppen ins Visier zu nehmen, sich auf sie zu konzentrieren, sie zu verstehen und mit der eigenen Problemlösungsfähigkeit genau zu bedienen, ist ein wichtiger Erfolgsbaustein. Konzentration auf das Wesentliche bringt viele Vorteile. Lieber wählt man eine kleine Nische, ist dort der Beste und legt gezielt ein Angebot für eine spezielle und zahlungskräftige Zielgruppe auf, als dass man versucht, jedem Kunden alles anzubieten. Sind die Geschäftsfelder und Zielgruppen klar definiert? Kennen Sie die Probleme und Wünsche der Zielgruppen? Gibt es „Nichtkunden", die zu Ihnen passen könnten? Wissen Sie, bei welchen Kunden und mit welchen Leistungen Sie am besten Geld verdienen (A/B/C-Kunden)?

Haben Sie Ihre Zielgruppe klar definiert, dann steigen Sie in einen Dialog mit ihr ein, um von ihr zu lernen und sich so zu verbessern. Stellen Sie das Angebot noch konsequenter auf die Zielgruppe ab, indem Sie alle Ressourcen in Produkte

5 Ratingbericht und Ratingdokumentation

und Sortimente mit den größten Erträgen einbringen. Nehmen Sie eine Zielgruppensegmentierung vor, denn größere Zielgruppen splittern sich auch in Untergruppen auf. Unternehmen müssen darauf reagieren und diese Kunden mit dezidierten Angeboten ansprechen.

Aktuelle Umsetzung im Unternehmen:

Eigene Bewertung nach ISO 9004:

Nachweise:

8. Verfügt das Unternehmen über ein gut abgestimmtes Produkt-/Dienstleistungsprogramm?
Unter Produktpolitik versteht man alle Tätigkeiten, die mit der Auswahl und Weiterentwicklung eines Produkts oder eines Produktbündels sowie dessen Vermarktung zusammenhängen. Produktpolitik ist für ein Unternehmen von Bedeutung, wenn der Absatz in einer sich verändernden Umwelt (in erster Linie durch Konsumenten, Lieferanten und Mitbewerber) gesichert oder gesteigert werden soll. Dazu muss die Frage nach Produktinnovation und -variation regelmäßig neu gestellt werden. Außerdem muss das Unternehmen einschätzen, ob sich Investitionen lohnen und wie sie sich auf den Markt auswirken könnten. Zur Produktpolitik gehört auch die aktive Veränderung von Nachfrager-Präferenzen via Marktkommunikation. Hier ist die Zusammenarbeit mit sämtlichen Bereichen des Marketings und den Kunden wichtig, da Preise, Vertrieb und Werbung im Einklang mit der Produktpolitik geplant werden müssen.

Aktuelle Umsetzung im Unternehmen:

Eigene Bewertung nach ISO 9004:

Nachweise:

9. Kennen Sie die Anforderungen Ihrer Kunden genau, und erfüllen Sie sie?
Produkte müssen auf die Wünsche der Zielgruppe abgestimmt sein, um sich wirklich erfolgreich am Markt zu behaupten. Um das zu gewährleisten, brauchen Sie einen regelmäßigen und intensiven Austausch mit Ihren Kunden über deren Zufriedenheit, Bedürfnisse und Planungen.
Bei der Abfrage der Zufriedenheit sollten folgende Punkte angesprochen werden: Preis/Leistung, Qualität der Produkte/Dienstleistungen, Qualität des Service, Beratung/Betreuung, Innovationsfähigkeit. Nur wer weiß, was für die Kunden wirklich wichtig ist und welchen Grad die Zufriedenheit mit den einzelnen Kriterien erreicht, kann gezielt handeln.

Aktuelle Umsetzung im Unternehmen:

Eigene Bewertung nach ISO 9004:

Nachweise:

10. Verfügt Ihr Unternehmen/Ihr Angebot über sehr gute Marktchancen, und kann dies erläutert werden?
Kreditgeber sehen im Markt- und Branchenumfeld einen wesentlichen Faktor für die zukünftige positive Unternehmensentwicklung. In einem positiven Branchenumfeld kann sich ein durchschnittliches Unternehmen mit einer durchschnittlichen Unternehmensführung gut entwickeln. Für besonders gute Unternehmen oder Geschäftsmodelle kann auch ein schwaches Branchenumfeld kein Hinderungsgrund für den Erfolg sein. Um die Finanzierungsgeber von Ihren Marktchancen zu überzeugen, sollten Sie klare Aussagen über das Marktwachstum und zur Branchenrentabilität machen können. Beim Creditreform Bonitätsindex wird z. B. der Branchenindex ziemlich stark gewichtet. Je niedriger die Branchenattraktivität ist, umso mehr Zeit und Aufwand sollten Sie auf die Beurteilung und Argumentation verwenden. Hinterlegen Sie beispielsweise eine aussagekräftige Marktstatistik oder Marktanalyse als Nachweis zu Ihren Ausführungen zu diesem Punkt. Informationen erhalten Sie beispielsweise auf Statistik-Portalen im Internet.

Aktuelle Umsetzung im Unternehmen:

Eigene Bewertung nach ISO 9004:

Nachweise:

11. Stellt die Konkurrenzsituation für das Unternehmen/das Angebot kein Problem dar?
Unternehmen sind oftmals der Meinung, ihre Wettbewerber bereits bestens zu kennen und einschätzen zu können. Diese Annahmen basieren jedoch meist auf persönlichen Eindrücken, Annahmen und oberflächlichen Informationen – und entsprechen folglich nicht immer der Realität. Dies kann dazu führen, dass die Konkurrenten bereits am eigenen Unternehmen vorbeiziehen, ohne bemerkt zu werden. Leider kann ein Unternehmen, das seine Wettbewerber nicht kennt, schnell das Potenzial übersehen, das ihm der Markt und die Kunden bieten. Eine der umfangreichsten und besten Maßnahmen, um die Wettbewerber und die Branche zu bewerten, ist eine Wettbewerbsanalyse, die in regelmäßigen Abständen durchgeführt wird. Hauptziel einer Wettbewerbsanalyse ist es, die Stärken und Schwächen der Wettbewerber zu recherchieren, einzuschätzen und Kenntnisse über deren Strategie, Marktdurchdringung, Kundenbindung etc. zu gewinnen.

Aktuelle Umsetzung im Unternehmen:

Eigene Bewertung nach ISO 9004:

Nachweise:

12. Verfügen Sie über echte/aktive Schlüsselpartner, und haben Sie einen guten Marktzugang?

Je nach Geschäftsmodell bietet es sich an, eine strategische Partnerschaft einzugehen, um die Effektivität des Unternehmens zu steigern und Risiken auf mehrere Schultern zu verteilen. Schlüsselpartner sind oftmals Türöffner, Netzwerkpartner, Vertriebsunterstützer oder Erfolgs-Booster. Sie erleichtern den Marktzugang oder machen ihn oftmals erst möglich. Wer kommt für Sie als Schlüsselpartner infrage? Wie steht es um Ihren Marktzugang?

Aktuelle Umsetzung im Unternehmen:

Eigene Bewertung nach ISO 9004:

Nachweise:

13. Bieten Sie ein ausgezeichnetes Preis-Leistungs-Verhältnis, haben Sie ein sehr gutes Image (Produkt/Marke) und gleichzeitig wenige Reklamationen?
Gute Preise aus Sicht des Anbieters stellen das langfristige Überleben und das Wohlergehen des Unternehmens sicher. Wie gut sind Ihre Preise und Ihr Preissystem im Verhältnis zur Konkurrenz? Natürlich sind die Preise immer eine Kombination oder Folge aus Kosten-Nutzen-Relationen. Sie bieten einen bestimmten Nutzen zu einem bestimmten Preis. Klare Preisstrategien helfen den Kunden, unklare verwirren, überhöhte schrecken ab.

Ermöglichen die Preisstrukturen das langfristige Überleben der Firma? Sind die Preisstellungen klar und übersichtlich genug? Verstehen die Kunden die Angebote, oder gibt es zu viele Klauseln, die den Kauf erschweren? Verfügen Sie über flexible Preissysteme, die auf die Anforderungen der Kunden abgestellt sind? Um die Effizienz der Preissysteme zu prüfen und zu überwachen, sollten diese Parameter erfüllt sein:

1. Die Preiserwartungen werden abgefragt.
2. Das eigene Preissystem erfüllt die Forderung nach Transparenz und Schlüssigkeit.
3. Preisvergleiche mit anderen Anbietern werden kontinuierlich durchgeführt.
4. Die Preissensibilität der Kunden wird überprüft.

Wie beurteilen Sie und Ihre Kunden das Preis-Leistungs-Verhältnis? Welchen Nutzen bieten Sie Ihren Kunden mit Ihren Produkten/Dienstleistungen, und haben Sie die passende Preisstrategie dafür gefunden? Haben Sie eine niedrige Reklamationsquote bzw. wenige Inanspruchnahmen von Gewähr- oder Garantieleistungen? Werden Reklamationen etc. ernsthaft auf ihre Ursachen überprüft und Fehler umgehend und dauerhaft behoben?

Aktuelle Umsetzung im Unternehmen:

Eigene Bewertung nach ISO 9004:

Nachweise:

14. Verfügt das Unternehmen über eine angemessene Organisation?
Die Organisation eines Unternehmens sollte gut strukturiert sein und Schwächen laufend eliminiert werden. Folgende Fragen gilt es u. a. zu klären: Existiert ein aktuelles Organigramm? Sind die Verantwortlichkeiten, Vertretungen und Zuständigkeiten klar geregelt? Verfügt das Unternehmen über dokumentierte und straff organisierte Arbeitsabläufe? Ist die IT-Organisation effizient und sicher? Verfügt das Unternehmen über ein Qualitätsmanagementsystem? Eine gut ablaufende Organisation unterstützt alle Wertschöpfungsprozesse und verursacht deutlich geringere Kosten. Dazu gehört natürlich auch eine professionelle Verarbeitung aller wichtigen Informationen.

Aktuelle Umsetzung im Unternehmen:

Eigene Bewertung nach ISO 9004:

Nachweise:

15. Verfügt das Unternehmen über ein angemessenes Personalwesen?

Ein angemessenes und systematisches Personalwesen ist wichtig für die Mitarbeiterentwicklung und -bindung, den Erhalt und den Ausbau des Wissensmanagements sowie für die Vermeidung von Strafen, die für Verstöße im Bereich Personalwesen teilweise empfindlich sein können. Ein gutes Personalwesen beinhaltet Recruiting, Vertragswesen, Weiterentwicklung, Onboarding und viele weitere Themen.

Aktuelle Umsetzung im Unternehmen:

Eigene Bewertung nach ISO 9004:

Nachweise:

16. Verfügt das Unternehmen über ein angemessenes Rechnungswesen?

Sind BWA und Controlling zeitnah verfügbar? Sind die Verantwortlichkeiten geklärt? Verfügt das Unternehmen über Deckungsbeitragsrechnungen, Nachkalkulationen etc.?

Aktuelle Umsetzung im Unternehmen:

Eigene Bewertung nach ISO 9004:

Nachweise:

17. Verfügt das Unternehmen über ein angemessenes Finanzgebaren?

Ist das Zahlungsverhalten ordnungsgemäß? Werden Skonti genutzt? Stellen Sie Ihr Finanzgebaren auf den Prüfstand.

Aktuelle Umsetzung im Unternehmen:

Eigene Bewertung nach ISO 9004:

Nachweise:

18. Verfügt das Unternehmen über einen angemessenen Standort/angemessene Flächen?
Beschreiben Sie die Räumlichkeiten des Unternehmens. Passen Standort, Ausstattung, Sauberkeit?

Aktuelle Umsetzung im Unternehmen:

Eigene Bewertung nach ISO 9004:

Nachweise:

19. Verfügt das Unternehmen über sehr gute, sehr motivierte und loyale Mitarbeiter?
Engagierte und loyale Mitarbeiter sind ein ganz wichtiger Faktor für den Unternehmenserfolg. Ziel muss es sein, die Mitarbeiter so zu führen, dass sie sich selbst als Mitunternehmer sehen und verantwortlich bis zur untersten Ebene handeln. Nicht die Routine bestimmt die Aufgaben, sondern alleine die gesteckten Ziele. Gute Mitarbeiter agieren, mittelmäßige Mitarbeiter reagieren.

Bei guten Mitarbeitern müssen Sie keine Leistungsbereitschaft einfordern, sie bringen sie selbst ein. Außerdem ist der Grad der Leistungsbereitschaft der

Ausdruck der Identifikation mit Ihrem Unternehmen. Wie viele A-, B- und C-Mitarbeiter haben Sie in Ihrem Unternehmen? B-Mitarbeiter leisten mindestens 20 % weniger und C-Mitarbeiter gar 50 % weniger als A-Mitarbeiter!

Aktuelle Umsetzung im Unternehmen:

Eigene Bewertung nach ISO 9004:

Nachweise:

20. Entsprechen die Anlagen dem Stand der Technik, sind sie modern, leistungsfähig und bestens ausgelastet?
Moderne Büros, Anlagen, Software etc. produzieren bessere Qualität zu meist niedrigeren Kosten. Zudem steigt die Zufriedenheit der Mitarbeiter, da sie dies als Wertschätzung empfinden. Moderne Anlagen sind ein wichtiges Indiz für ein gutes Geschäft in der Vergangenheit und für eine vorausschauende Investitionspolitik. Gut ausgelastete Anlagen sichern günstige Kosten und meist einen angemessenen Profit. Kann das Unternehmen die konkreten Produktionskosten benennen? Wie verhalten sich diese im Vergleich zum Wettbewerb?

Aktuelle Umsetzung im Unternehmen:

Eigene Bewertung nach ISO 9004:

Nachweise:

5 Ratingbericht und Ratingdokumentation

21. Wie angemessen sind Lagerhaltung, Einkauf, Transport und Beschaffung im Unternehmen?
Eine umfassende strukturierte Darstellung des Beschaffungswesens, des Einkaufs und des Transports spricht für die Kompetenz der Unternehmensleitung. Existieren Lieferantenerklärungen? Wie sieht die Einkaufsorganisation aus? Sind die Verantwortlichkeiten klar?

Aktuelle Umsetzung im Unternehmen:

Eigene Bewertung nach ISO 9004:

Nachweise:

22. Verfügt das Unternehmen über eine angemessene Leistungserstellung, Produktion und Prozesse?
Stellen Sie die Produktionsverfahren und die Unternehmenskernprozesse strukturiert dar. Sind die Prozesse logisch und effizient aufgebaut? Ist die Produktion ausgelastet?

Aktuelle Umsetzung im Unternehmen:

Eigene Bewertung nach ISO 9004:

Nachweise:

23. Verfügt das Unternehmen über ein angemessenes Marketing?
Marketing ist die ganzheitliche Ausrichtung einer Organisation auf den Markt. Die Beziehung des Unternehmens mit den Kunden wird durch zahlreiche Faktoren bestimmt, u. a.: Wettbewerber, Strategie, Politik/Gesetzgebung, Verkaufsförderung, Bekanntheitsgrad, Finanzierung, Marke, Bedürfnisse, Nachfrage, Kaufkraft oder Prestige/Ansehen. Die Qualität eines Produkts umfasst nicht nur das Produkt selbst, sondern alle in dessen Umfeld befindlichen wichtigen und notwendigen (Dienst-)Leistungen. Qualität ist also die hundertprozentige Erfüllung der Kundenerwartungen. Die Nase vorne haben immer Unternehmen, die die Kundenerwartungen noch übertreffen, weil sie sich mit ihren Kunden intensiv auseinandersetzen und etwas mehr anbieten. Entwickeln Sie Ihr Image, und binden Sie alle Mitarbeiter mit ein.

Aktuelle Umsetzung im Unternehmen:

Eigene Bewertung nach ISO 9004:

Nachweise:

24. Verfügt das Unternehmen über einen angemessenen Vertrieb?
Wie kommen die Kunden zu Ihnen? Wie werden sie angesprochen? Wie sehen die Vertriebskennziffern aus? Wie werden Leads zu echten Kunden? Sind immer genügend Leads in der Pipeline? Ziel der Vertriebsmannschaft muss es sein, die Kunden nicht nur zu bearbeiten, sondern eine echte Kundenbindung zu erreichen, die meist den privaten Bereich einschließt. Wenn die Kunden von den Produkten/Dienstleistungen dann noch begeistert sind, ist die Austrittsbarriere für den Kunden sehr hoch. Die Vertriebsmitarbeiter müssen das „Gewinner-Gewinner-Spiel" beherrschen, bestmögliche Kundenorientierung aufweisen und die Werkzeuge des Pre-Sale- und After-Sale-Bereichs einsetzen können. Die Vertriebsmitarbeiter (und der Außendienst) schaffen nicht nur die Verbindung zu den Kunden und halten sie, sie vertreten auch die Interessen des Unternehmens, sind die wichtigsten Botschafter des Unternehmens vor Ort und geschätzte Berater der Kunden.

5 Ratingbericht und Ratingdokumentation

Aktuelle Umsetzung im Unternehmen:

Eigene Bewertung nach ISO 9004:

Nachweise:

25. Verfügt das Unternehmen über ein angemessenes Innnovationsmanagement?
Neue Ideen entwickeln, planen und wirklich umsetzen ist die Kunst. Nicht zu früh am Markt zu sein, wenn noch keiner kaufen will, aber auch nicht zu spät, wenn die Preise bereits verfallen. Time-to-Market – von der Idee bis zum Angebot – ist ein wichtiger Parameter für erfolgreiche Innovationspolitik. Ist der neue Ansatz, also das innovative Produkt oder der Erfolg versprechende Vertriebsweg, erst einmal gefunden und definiert, muss er umgesetzt werden. Die Zeiten von der Entscheidung bis zur Markteinführung müssen wegen der hohen Dynamik und des starken Wettbewerbs immer mehr verkürzt werden. Auch an Ihre Lösung hat irgendwo auf der Welt wohl schon ein anderer gedacht. Heute gilt: Nehmen Sie sich lieber mehr Zeit für die Auswahl des richtigen Zukunftspferds, satteln und ausreiten müssen Sie dann aber rasch. Häufigste Innovationshindernisse sind Verharrungsmentalität und Mitarbeiterwiderstände.

Aktuelle Umsetzung im Unternehmen:

Eigene Bewertung nach ISO 9004:

Nachweise:

26. Hat das Unternehmen eine klare Digitalisierungsstrategie entwickelt?
Die Digitalisierung ordnet Wirtschafts- und Lebensbereiche neu. Sie verändert grundlegend die Art und Weise, wie wir arbeiten und leben, wie wir konsumieren und kommunizieren. Wer dabei nicht mitmacht, verliert den Marktzugang und seine Stellung im Wettbewerb. Digitale Geschäftsmodelle benötigen oft ganz andere Organisationsstrukturen als das traditionelle Business. Um die Potenziale zu heben, müssen ausgetrampelte Pfade verlassen werden – zum Beispiel in selbst initiierten Start-ups.

Es gilt, neue Fähigkeiten aufzubauen: „Up-Skilling" für die Digitalisierung ist eine der Kernaufgaben für das Topmanagement. Auch für die Art, wie neue Fachkräfte gewonnen werden, müssen neue Wege beschritten werden. Dazu gehört ebenfalls, die Widerstände unter den Mitarbeitern zu minimieren und ihnen Verantwortung für digitale Services zu übertragen. Die Investitionen in neue Technologien sowie Forschungs- und Entwicklungskapazitäten erfordern liquide Mittel. Aber Digitalisierung hilft auch dabei, den Cashflow zu steigern.

Aktuelle Umsetzung im Unternehmen:

Eigene Bewertung nach ISO 9004:

Nachweise:

27. Ist ein Verfahren für den proaktiven Umgang mit Risiken entwickelt worden, und wird es professionell gehandhabt?
Die systematische und strukturierte Risikoanalyse ist in zahlreichen Unternehmen immer noch ein wenig beachtetes Sicherungsinstrument, obwohl es immer wichtiger wird. Dabei ist es nicht einmal allzu schwer, eine Risikoauflistung zu erstellen und die Risiken permanent im Auge zu behalten. Es hilft bereits, sich auf den gesunden Menschenverstand zu verlassen. Bei der Lösungsfindung können Sie auch jederzeit auf die Kammern, Verbände, Spezialisten zurückgreifen. Ist das Problem erkannt und evaluiert, wird auch leichter eine Lösung gefunden. Die abgeleiteten Maßnahmen sind zu dokumentieren und die Risiken auch künftig – mit klar festgelegten Verantwortlichkeiten – zu überwachen.

5 Ratingbericht und Ratingdokumentation

Aktuelle Umsetzung im Unternehmen:

Eigene Bewertung nach ISO 9004:

Nachweise:

28. Ist die Nachfolge für den Not- oder Todesfall ausreichend geregelt?
Die Kreditvergabe birgt Risiken, wenn die Unternehmensleitung aus gesundheitlichen Gründen ausfällt oder nicht mehr so leistungsfähig ist wie zuvor. Mittlere und kleinere Unternehmen legen oftmals keinen Wert auf eine rechtzeitige Nachfolgeregelung. Dabei müssten in jeder Risikobetrachtung Ausführungen dazu enthalten sein.

Die meisten Banken sprechen die Unternehmensleitung spätestens ab dem 55. Lebensjahr darauf an. Es wird thematisiert, ob es eine rechtzeitige Regelung für den Ernstfall gibt, zum Beispiel die Vertretungsregelung bei Tod, eine Betriebsunterbrechungsversicherung, Bankvollmachten oder ein klares und aktiv gelebtes Organigramm. Bei Inhabern wird die Frage nach einem unternehmenssichernden Testament oder einem Ehe- und Erbvertrag gestellt. Diese Regelungen sind unabhängig vom Lebensalter des Inhabers.

Aktuelle Umsetzung im Unternehmen:

Eigene Bewertung nach ISO 9004:

Nachweise:

29. Haben Sie die Themen Datenschutz und Cyber Risk systematisch geregelt?

Jedes Unternehmen ist gesetzlich zur Einhaltung des Datenschutzes verpflichtet. Der Datenschutz kann heute getrost als Kernprozess jedes Unternehmens angesehen werden. Es ist dabei auch das Thema Cyber Risk zu berücksichtigen. Erstellen Sie einen schriftlichen Datenschutzplan. Dieser sollte folgende Elemente enthalten:

- Stellenwert des Datenschutzes
- Stellen, Funktionen und Gremien im Datenschutz
- Risikoanalyse
- Funktion des Datenschutzbeauftragten
- Mitarbeiter
- intelligente Verarbeitungssysteme
- Netzwerke
- mögliche Schadensereignisse
- technisch-organisatorische Sicherheitsmaßnahmen
- Outsourcing
- Unternehmensangaben

Fügen Sie eventuelle Nachweise wie die Bestellung eines Datenschutzbeauftragten oder öffentliches Verfahrensverzeichnis bei.

Aktuelle Umsetzung im Unternehmen:

Eigene Bewertung nach ISO 9004:

Nachweise:

30. Haben Sie das Thema Arbeitsschutz systematisch geregelt?

Arbeitsschutz ist ein wichtiges Gut. Er verfolgt das Ziel, durch ein sicherheitsgerechtes und gesundheitsbewusstes Zusammenwirken von Leitung und Mitarbeitern Arbeitsunfälle und Berufskrankheiten zu vermeiden. Arbeits- und Gesundheitsschutz dienen der Aufrechterhaltung bzw. der Verbesserung der Gesundheit der Mitarbeiter. Damit wirken sie sich auch indirekt auf die Leistungsfähigkeit und die Leistungsverbesserung jedes Einzelnen aus. Eine professionelle Organisation zum Arbeits- und Gesundheitsschutz stellt Daten zur Wirksamkeit der Prävention zur Verfügung. Seit Ende 2013 ist auch eine psychische Gefährdungsbeurteilung Pflicht.

Arbeitsschutz ist zudem ein betriebliches Instrument zur Gewährleistung der Versicherungsfähigkeit des Unternehmens. Er kann auch Förderungsprogramme und Prämienkalkulationen von Versicherungen beeinflussen. Das macht Arbeits- und Gesundheitsschutz zu einem betrieblichen Wirtschaftsfaktor!

Aktuelle Umsetzung im Unternehmen:

Eigene Bewertung nach ISO 9004:

Nachweise:

31. Ist Ihr Versicherungsschutz (Vermögensschadenhaftpflicht, Cyber Risk, D&O) angemessen?
Schadensfälle können die Existenz von Unternehmen bedrohen. Das Thema Versicherungsschutz ist sowohl individuell für die Geschäftsleitung als auch für das Unternehmen als Ganzes zu betrachten und zu optimieren. Deckt der Versicherungsschutz alle wesentlichen Themen und die notwendige Höhe ab? Liegt ein aktuelles Deckungsgutachten bzw. eine Aufstellung vor?

Aktuelle Umsetzung im Unternehmen:

Eigene Bewertung nach ISO 9004:

Nachweise:

32. Gibt es bereits oder drohen im Bereich des regulatorischen Umfelds Auflagen für das Unternehmen?
Wer das regulatorische Umfeld (relevante Gesetze, Verordnungen, EU-Richtlinien, Umweltschutzbestimmungen) seines Unternehmens kennt, kann eventuelle daraus resultierende Risiken und Kosten besser abschätzen.

Aktuelle Umsetzung im Unternehmen:

Eigene Bewertung nach ISO 9004:

Nachweise:

33. Sind bereits Anzeichen für eine Unternehmensgefährdung erkennbar?
Gefährdungsanzeichen werden spätestens bei einer eingehenden Prüfung herauskommen. Es ist nicht sinnvoll, diese zu verschweigen oder den Kopf in den Sand zu stecken. Besser ist es, sie sich bewusst zu machen, konkrete Verbesserungsmaßnahmen zu ergreifen und diese dann auch positiv zu kommunizieren.

Aktuelle Umsetzung im Unternehmen:

Eigene Bewertung nach ISO 9004:

Nachweise:

34. Kommunizieren Sie ausreichend mit Banken?
Ihre Bank legt einen großen Wert auf einen engen Kontakt und erwartet von Ihnen auch unaufgefordert Informationen über die geschäftlichen Entwicklungen. Das fällt natürlich umso leichter, je besser diese sind. Rufen Sie Ihren Firmenkundenberater

5 Ratingbericht und Ratingdokumentation

auch zwischen den offiziellen Gesprächen einmal an. Bei engem Kontakt können Sie auch in schwierigen Situationen (etwas) mehr Entgegenkommen erwarten. Bitte beachten Sie dabei, dass die Entscheidungsspielräume der Bankmitarbeiter heute deutlich enger sind als früher.

Aktuelle Umsetzung im Unternehmen:

Eigene Bewertung nach ISO 9004:

Nachweise:

35. Verfügen Sie über echte Sicherheiten?
Die Sicherheiten haben für die Bank heute bei zunehmenden Absicherungsvorschriften, unter anderem durch Basel II, eine sehr große Bedeutung. Sicherheiten können sein: Grundstücksunterlagen, Wertgutachten etc. Fügen Sie eine Vermögensaufstellung der Kreditanfrage bei.

Aktuelle Umsetzung im Unternehmen:

Eigene Bewertung nach ISO 9004:

Nachweise:

Sie haben nun 35 qualitative Ratingfragen beantwortet. Der Durchschnitt der Einzelnoten gemäß des Reifegradmodells ISO9004 ergibt 50 % Ihrer Ratingnote. Tragen Sie Ihre Bewertung in Tab. 5.1 ein.

Tab. 5.1 Qualitative Ratingfragen – eigene Bewertung

Frage	Eigene Bewertung
1. Ist die unternehmerische Leitung persönlich und fachlich sehr gut für die Aufgaben qualifiziert?	
2. Verfügt das Unternehmen über eine angemessene Unternehmensplanung inkl Finanz- und Liquiditätsplan?	
3. Liegt der Bonitätsindex bei der Creditreform unter 300, besser: unter 250?	
4. Haben Sie eine Zusammenfassung der Unternehmensstrategie als sogenanntes Executive Summary schriftlich formuliert?	
5. Sehen Ertragslage und Rentabilitätserwartungen für die Unternehmung sehr gut aus?	
6. Unterscheidet sich das Unternehmen klar vom Wettbewerb?	
7. Verfügt das Unternehmen über lukrative Zielgruppen?	
8. Verfügt das Unternehmen über ein gut abgestimmtes Produkt-/Dienstleistungsprogramm?	
9. Kennen Sie die Anforderungen Ihrer Kunden genau, und erfüllen Sie sie?	
10. Verfügt Ihr Unternehmen/Ihr Angebot über sehr gute Marktchancen, und kann dies erläutert werden?	
11. Stellt die Konkurrenzsituation für das Unternehmen/das Angebot kein Problem dar?	
12. Verfügen Sie über echte/aktive Schlüsselpartner, und haben Sie einen guten Marktzugang?	
13. Bieten Sie ein ausgezeichnetes Preis-Leistungs-Verhältnis, haben Sie ein sehr gutes Image (Produkt/Marke) und gleichzeitig wenige Reklamationen?	
14. Verfügt das Unternehmen über eine angemessene Organisation?	
15. Verfügt das Unternehmen über ein angemessenes Personalwesen?	
16. Verfügt das Unternehmen über ein angemessenes Rechnungswesen?	
17. Verfügt das Unternehmen über ein angemessenes Finanzgebaren?	
18. Verfügt das Unternehmen über einen angemessenen Standort/angemessene Flächen?	
19. Verfügt das Unternehmen über sehr gute, sehr engagierte und loyale Mitarbeiter?	

(Fortsetzung)

Tab. 5.1 (Fortsetzung)

Frage	Eigene Bewertung
20. Entsprechen die Anlagen dem Stand der Technik, sind sie modern, leistungsfähig und bestens ausgelastet?	
21. Wie angemessen sind Lagerhaltung, Einkauf, Transport und Beschaffung im Unternehmen?	
22. Verfügt das Unternehmen über eine angemessene Leistungserstellung, Produktion und Prozesse?	
23. Verfügt das Unternehmen über ein angemessenes Marketing?	
24. Verfügt das Unternehmen über einen angemessenen Vertrieb?	
25. Verfügt das Unternehmen über ein angemessenes Innnovationsmanagement?	
26. Hat das Unternehmen eine klare Digitalisierungsstrategie entwickelt?	
27. Ist ein Verfahren für den proaktiven Umgang mit Risiken entwickelt worden, und wird es professionell gehandhabt?	
28. Ist die Nachfolge für den Not- oder Todesfall ausreichend geregelt?	
29. Haben Sie die Themen Datenschutz und Cyber Risk systematisch geregelt?	
30. Haben Sie das Thema Arbeitsschutz systematisch geregelt?	
31. Ist Ihr Versicherungsschutz (Vermögensschadenhaftpflicht, Cyber Risk, D&O) angemessen?	
32. Gibt es bereits oder drohen im Bereich des regulatorischen Umfelds Auflagen für das Unternehmen?	
33. Sind bereits Anzeichen für die Unternehmensgefährdung erkennbar?	
34. Kommunizieren Sie ausreichend mit Banken?	
35. Verfügen Sie über echte Sicherheiten?	
Durchschnittsnote (Gesamtwert geteilt durch 35)	

Die anderen 50 % Ihrer Ratingnote (qualitativer Bestandteil) entsprechen dem Wert Ihres Financial BMI (Kap. 1). In Tab. 5.2 können Sie noch einmal den aktuellen Stand Ihres Financial BMI notieren und auswerten.

Tab. 5.2 Auswertung Ihres Financial BMI

Kennzahl/Beurteilungsschema	Sehr gut –1	Gut – 2	Mittel –3	Schlecht –4	Insolvenzgefährdet –5	Meine Note
Eigenkapitalquote	>30 %	>20 %	>10 %	<10 %	Negativ	
Schuldentilgungsdauer	<3 Jahre	<5 Jahre	<12 Jahre	<30 Jahre	>30 Jahre	
Gesamtkapitalrentabilität	>15 %	>12 %	>8 %	<8 %	Negativ	
Cashflow in Prozent der Betriebsleistung	>10 %	>8 %	>5 %	<5 %	Negativ	
Umsatzrendite	>10 %	>8 %	>5 %	<5 %	Negativ	
Rationalisierungspuffer	>10 %	>8 %	>5 %	<5 %	0 %	
Gesamtergebnis (Summe der Noten, dividiert durch 6)						

5 Ratingbericht und Ratingdokumentation

Addiert und dann durch zwei geteilt, ergibt sich Ihr Rating auf einer Skala von 1 bis 5.

Ihr Ergebnis
Durchschnittsnote quantitative Kriterien (Financial BMI):
Durchschnittsnote qualitative Kriterien:
Durchschnittsnote gesamt:

Auch wenn die meisten Kreditinstitute, FinTechs, Leasinggeber etc. eigene Verfahren zur Berechnung des Ratings nutzen, wird kein wesentlich anderes Ergebnis abgeleitet werden können.

Wenn Sie alle Fragen gut und umfangreich beantwortet haben und die Ratingnote ≤3 ergibt, steht einer Finanzierung in der Regel nichts im Wege.

Ihr Transfer in die Praxis
Wenn Sie die 35 Fragen ausführlich beantwortet haben und die entsprechenden Nachweise vorlegen können, sind Sie bestens auf eine Finanzierungsanfrage vorbereitet. Sollte Ihre ermittelte Ratingnote schlechter als 3 sein, ist es allerdings ratsam, Ihr Core-Training noch einmal zu intensivieren und einen langfristigen Trainingsplan aufzustellen.

Ansprache der Finanzierungspartner

6

Zusammenfassung

Sie haben Ihre Fettpölsterchen identifiziert und abtrainiert, Ihren Financial BMI gepusht und sind auch qualitativ in einer sehr guten Verfassung. Nun können Sie die Finanzierungsinstitute ansprechen. Dabei werden viele Dokumente und zusätzliche Informationen benötigt. In diesem Kapitel finden Sie eine Aufstellung der gängigen Fragen und geforderten Unterlagen.

Was Sie aus diesem Kapitel mitnehmen
- welche Dokumente Sie bei einer Finanzierungsanfrage vorlegen müssen
- welche Fragen Ihnen beim Finanzierungsgespräch gestellt werden

Sie haben Ihre Fettpölsterchen identifiziert und abtrainiert, Ihren Financial BMI gepusht und sind auch qualitativ in einer sehr guten Verfassung. Nun können Sie die Finanzierungsinstitute ansprechen. Dabei werden viele Dokumente und zusätzliche Informationen benötigt. Nachfolgend finden Sie eine Aufstellung der gängigen Fragen und geforderten Unterlagen, die Ihnen bei der Vorbereitung helfen. Je nach Finanzinstitut gibt es noch weitere Punkte, die angesprochen werden.

Antragsdaten
- Welchen Kreditbetrag benötigen Sie?
- Für welche Investitionsart wird der Kreditbetrag benötigt?
- Liegt diese Anfrage schon einer Bank vor?

- Welche Kreditlaufzeit stellen Sie sich vor?
- Welche tilgungsfreie Zeit schwebt Ihnen vor?
- Haben Sie die allgemeinen Firmendaten angegeben?
- Wann wurde Ihr Unternehmen gegründet?
- In welcher Branche bzw. in welchem Wirtschaftszweig ist Ihr Unternehmen aktiv?

Angaben zu den Gesellschaftern
- persönliche Daten der Gesellschafter
- Bankdaten der Gesellschafter
- Haben Sie die Informationsunterlagen zur Selbstauskunft bzw. Vermögens-/ Schuldenübersicht vorliegen?

Unternehmensdaten
- Wann wollen Sie mit Ihrem Vorhaben beginnen?
- Welche Rechtsform hat Ihr Unternehmen?
- Welche Eigentümerstruktur soll bestehen?
- Welche Führungsstruktur ist angedacht?
- Ist die Betriebsstätte Eigentum eines Gesellschafters, oder wird sie angemietet?
- Wie hoch ist die Zahl der Arbeitsplätze zum Zeitpunkt der Antragstellung?

Weitere Angaben
- Besteht die Privatadresse länger als drei Jahre?
- Haben Sie Familienstand, Güterstand und Anzahl unterhaltsberechtigter Kinder pro Gesellschafter angegeben?
- Wie ist Ihr beruflicher Werdegang?
- Welche Rentabilitätserwartungen haben Sie an Ihr Unternehmen?
- Wie beurteilen Sie Ihre zukünftige Liquiditätslage?

Einwilligungserklärung
- Haben Sie bereits die Einwilligungserklärung zur Befreiung vom Bankgeheimnis unterschrieben?
- Haben Sie bereits die Einwilligungserklärung zu Auskunftei-Anfragen und -Angaben unterschrieben?
- Haben Sie bereits das Formular zur Selbstauskunft ausgefüllt?

Bonität
- Wo liegt Ihr Creditreform-Index?
- Gibt es ein Kontokorrent, und wird es in der Regel mindestens einmal im Monat auf null zurückgeführt?

- Gab es in den letzten Monaten Rücklastschriften und Unregelmäßigkeiten auf den Unternehmenskonten?
- Wurden in den letzten Monaten Finanzierungsanfragen durchgeführt?
- Werden laufende Kredite fristgerecht bedient?

Bank-Basics
- Wie ist die Beziehung zur aktuellen Hausbank?
- Wurden bereits Fördermittel in Anspruch genommen?
- Werden Gewinne erzielt, und reichen diese aus, um Rücklagen zu bilden?
- Haben Sie die Jahresabschlüsse der letzten verfügbaren Jahre vorliegen?
- Haben Sie die Informationen zur betriebswirtschaftlichen Auswertung (BWA) des letzten kompletten Geschäftsjahres vorliegen?
- Haben Sie die Informationen zur BWA der letzten drei Monate vorliegen?
- Haben Sie die Informationsunterlagen zum Einkommensteuerbescheid vorliegen?
- Haben Sie die aktuellen Summen- und Saldenlisten vorliegen?
- Haben Sie Ihren Bankenspiegel vorliegen?

Ihr Transfer in die Praxis

Bereiten Sie sich optimal auf das Bankgespräch vor, indem Sie die Dokumente, die in diesem Kapitel genannt werden, bereits vor dem Gespräch ausfüllen und zu dem Treffen mitbringen. Wenn Sie vorausschauend handeln und gut vorbereitet sind, verschafft Ihnen das in jedem Fall Pluspunkte.

Rating Advisory 7

> **Zusammenfassung**
>
> Sie haben mit der Beantwortung der Fragen in Kap. 5 bereits gute Vorarbeit für eine Finanzierungsanfrage geleistet. Doch vielleicht fühlen Sie sich unsicher, oder Sie möchten zusätzlich auf externe Expertise zurückgreifen. Dann ist es ratsam, ein auf Rating spezialisiertes Beratungsunternehmen bzw. einen Fachmann zu konsultieren, einen sogenannten Rating Advisor oder Ratingberater. Wie eine Ratingberatung abläuft und wann sie sich lohnt, ist Gegenstand dieses Kapitels.

Was Sie aus diesem Kapitel mitnehmen
- was man unter Rating Advisory versteht
- wann sich eine Ratingberatung lohnt
- wie eine Ratingberatung abläuft

7.1 Ratingberatung: Was ist das, und wann ist das sinnvoll?

Wie wir in Kap. 1 bis 6 festgestellt haben, ist ein umfassendes Unternehmensrating ein Instrument zur Standortbestimmung und zur Weiterentwicklung des Unternehmens – unabhängig davon, ob Finanzierungsbedarf besteht oder nicht.

Sie haben mit der Beantwortung der Fragen in Kap. 5 bereits gute Vorarbeit für eine Finanzierungsanfrage geleistet. Doch vielleicht fühlen Sie sich unsicher, oder Sie möchten zusätzlich auf externe Expertise zurückgreifen. Dann ist es ratsam,

© Springer Fachmedien Wiesbaden GmbH, ein Teil von Springer Nature 2018
S. Kugler und S. Girmscheid, *Unternehmensfinanzierung und -rating mit System*, https://doi.org/10.1007/978-3-658-20638-3_7

ein auf Rating spezialisiertes Beratungsunternehmen oder einen Fachmann zu konsultieren, einen sogenannten Rating Advisor oder Ratingberater. Viele Unternehmensberater führen heutzutage diese Zusatzbezeichnung. Zahlreiche Fortbildungsinstitute bieten entsprechende Qualifizierungen an.

Der Begriff „Rating Advisory" wurde in Deutschland maßgeblich durch das gleichnamige Buch von Ann-Kristin Achleitner und Oliver Everling geprägt (vgl. Achleitner und Everling 2003). Der Untertitel sagt bereits viel aus: „Mit professioneller Beratung zum optimalen Bonitätsurteil".

▶ „Rating Advisory umfasst alle Beratungsmaßnahmen, die im Rahmen einer Bewertung eines Unternehmens sowohl durch eine externe Ratingagentur als auch bei der Begleitung eines bankeninternen Ratingprozesses notwendig werden können" (Kabuth 2003, S. 9).

Gründe für eine Ratingberatung können sein:

- allgemeiner Kreditbedarf
- erneuter Kreditbedarf
- Unternehmensverkauf
- Nachfolgeregelung

Wenn ein Rating Advisor beauftragt wird, führt er einen Pre-Rating-Beratungsprozess durch. Pre Rating deshalb, weil er das offizielle Rating nur simulieren kann und keine entsprechende *offizielle* Ratingnote vergeben darf, denn dies ist nur zugelassenen Ratingagenturen erlaubt. Ratingagenturen unterliegen in der Regel staatlicher Aufsicht. Ohne Genehmigung der EU kann in Europa keine Ratingagentur gegründet werden.

7.2 Der Beratungsprozess[1]

1. Klärung der Ausgangslage

Die Hauptaufgabe des Rating Advisors besteht darin, den Auftraggeber auf ein externes oder bankeninternes Rating professionell vorzubereiten. Eine Ratingberatung beginnt mit der Klärung der Ist-Situation. Dabei hinterfragt der Rating

---

[1]Hierbei folgen wir den Ausführungen von Prof. Ann-Kristin Achleitner und Oliver Everling (2003).

Advisor, welche Motive und Ziele das Unternehmen hinsichtlich des Ratings hat, warum die Bonitätsprüfung überhaupt benötigt wird und welche quantitative und qualitative Ratingperformance des Unternehmens aktuell vorliegt.[2]
Der Fokus der Ist-Analyse liegt in der Regel auf drei Faktoren:

- Unternehmensumfeld
- Jahresabschluss- und Cashflow-Analyse
- interne Managementstrukturen

Diese drei Faktoren haben sie in Kap. 1 bis 4 kennengelernt.

2. Entwicklung der Strategie
Die Untersuchung zu Beginn des Prozesses zeigt dem Unternehmen die zentralen Schwachstellen auf. Indem es geeignete Maßnahmen ableitet, kann das Unternehmen das Risiko unerwünschter Ergebnisse beim offiziellen Rating vermeiden. Im Rahmen von Stärken-Schwächen-Analysen werden zudem oft Daten ausgewertet, die vorher nicht im Unternehmen vorlagen.

Aufbauend auf den definierten Zielen entwickelt der Rating Advisor zusammen mit dem Auftraggeber eine Ratingstrategie und einen Meilensteinplan. In dem Plan sollten klare Termine benannt und die individuellen internen Verantwortlichkeiten für alle Phasen des Ratings geregelt werden. Der Ratingberater unterstützt das Unternehmen weiterhin bei der Entwicklung und Implementierung eventuell notwendiger Verbesserungsmaßnahmen.

3. Durchführung der Optimierungsmaßnahmen
Nun werden in einem Zeitraum von ein bis zwölf Monaten die empfohlenen Maßnahmen mit oder ohne die Unterstützung des Rating Advisors umgesetzt.

4. Erstellung des Ratingreports und der Ratingdokumentation
Zum Abschluss des Ratingoptimierungsprozesses erstellt der Rating Advisor sein Abschlussgutachten, seinen Abschlussbericht oder – in der Sprache des Qualitätsmanagements ausgedrückt – seinen internen Auditbericht. Hier können nochmals Schwachstellen und Korrekturmaßnahmen benannt werden, die bis zum eigentlichen Rating oder bis zur konkreten Finanzierungsanfrage behoben werden sollten.

---

[2]Die sogenannte Ratingschätzung stellt einen wesentlichen Teil der Pre-Rating-Beratung dar. Dabei wird der die Ratingtauglichkeit des Unternehmens ermittelt (Vgl. Kabuth 2003, S. 10).

Im Rahmen der Ratingoptimierung werden unter anderem Strategiepapiere, Verfahrensanweisungen, Studien und Analysen sowie zahlreiche weitere Dokumente erstellt, die für das eigentliche Rating benötigt werden.

Kreditinstitute und FinTechs fordern oft weitere Infos (z. B. Bilanzen, BWAs) oder auch Formalismen (z. B. Handelsregisterauszug, Kopie des Personalausweises). Auch diese werden in einer guten Ratingberatung erarbeitet und als sogenannte Ratingdokumentation oder auch als Ratinghandbuch zusammengestellt. Die Art der Aufbereitung bestimmt in einem nicht zu unterschätzenden Umfang das finale Rating und die Stimmungslage der Bankgespräche.

5. Abgabe der Finanzierungs- oder Ratinganfrage

Ein guter Rating Advisor ist generell Strategieberater, Ratingoptimierer und Finanzierungsexperte. Unter den Ratingberatern gibt es allerdings verschiedene Ausrichtungen: Manche sehen sich als reine Analysten, die die Ist-Situation im Unternehmen untersuchen. Andere warten als Experten auch mit Detail- und Fachwissen bei der Analyse auf. Der Rating Advisor als Coach begleitet aktiv die Veränderungen, und der Optimierer verbindet alles zu einem Rollenverständnis als fachlich versierter Allround-Unternehmensberater und -Umsetzungsbegleiter (Abb. 7.1).

„Die Ratingberatung muss höheren Anforderungen an die Qualität der Vorgehensweise und an die Ergebnisse standhalten als die klassische Unternehmensberatung,

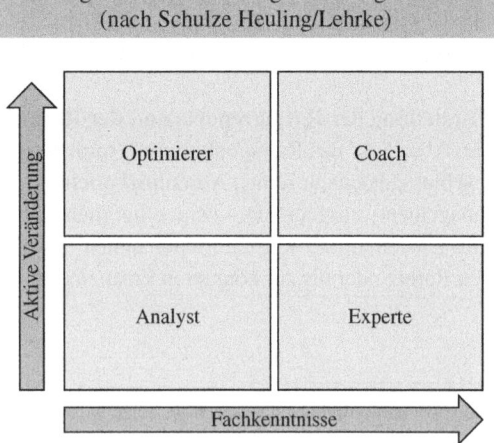

Abb. 7.1 Strategische Positionierung des Ratingberaters

deren Ergebnisse von Unternehmen häufig lediglich als Empfehlung verstanden werden" (Schulze Heuling und Lehrke 2003, S. 65).

Unternehmen sollten sich unbedingt an die Ratschläge des Rating Advisors im Sinne eines Lotsendienstes halten und die empfohlenen Maßnahmen auch nachhaltig und mit Herzblut umsetzen. Mangelnde oder halbherzige Umsetzung der Optimierungsmaßnahmen hat für das Unternehmen direkte, spürbare und gravierende Auswirkungen. Denn die Ratingnote stellt eine Einschätzung der Performance des Unternehmens und damit der Existenzfähigkeit dar.

> **Ihr Transfer in die Praxis**
> Überlegen Sie, ob Sie einen Ratingberater einschalten möchten. Was versprechen Sie sich davon? Wenn Sie sich dafür entscheiden, einen Rating Advisor zu konsultieren, sollten Sie sich klarmachen, welche Art von Berater Sie suchen (Analysten, Experten, Coach, Optimierer). Erst dann ist es sinnvoll, verschiedene Angebote einzuholen und dasjenige auszuwählen, das am besten zu Ihren Anforderungen passt.

Literatur

Verwendete Literatur

Achleitner, A.-K., Everling, O. (Hrsg.): Rating Advisory. Mit professioneller Beratung zum optimalen Bonitätsurteil. Gabler, Wiesbaden (2003)

Kabuth, A.: Impulse zur Ratingberatung durch Basel II. In: Achleitner, A.-K., Everling, O. (Hrsg.) Rating Advisory. Mit professioneller Beratung zum optimalen Bonitätsurteil, S. 3–14. Gabler, Wiesbaden (2003)

Schulze Heuling, M., Lehrke, M.: Aufgaben, Anforderungen, Interessen und Konflikte im Ratingmarkt. In: Achleitner, A.-K., Everling, O. (Hrsg.) Rating Advisory. Mit professioneller Beratung zum optimalen Bonitätsurteil, S. 57–68. Gabler, Wiesbaden (2003)

Schlusswort 8

> **Zusammenfassung**
> In diesem Kapitel erhalten Sie einen komprimierten Überblick über den Aufbau und die zentralen Punkte der vorangehenden Kapitel. Weiterhin stellen wir Ihnen die wichtigsten Finanzierungsgeber für mittelständische und kleine Unternehmen vor.

8.1 Was Sie aus diesem Buch mitnehmen

Das Finanzierungsklima für den deutschen Mittelstand ist so deutlich abgekühlt, dass man von einem Tief sprechen kann. Die Kreditklemme, die sich bereits in den vergangenen Jahren zugespitzt hat, wird nach den Erwartungen der mittelständischen Unternehmen auch in 2017 keine Entspannung erfahren (A.B.S. Global Factoring 2017).

Diese und ähnliche Meldungen aus dem Jahr 2017 zeigen, wie schwer es gerade für mittelständische Unternehmen sein kann, einen Kredit zu erhalten. Doch es gibt neben den etablierten Banken und Sparkassen viele verschiedene Finanzierungsformen, die ebenfalls infrage kommen, wie Crowdfunding, Förderungsmöglichkeiten und Beteiligungsgesellschaften, Internetfinanzierungsplattformen oder Leasing. Auch FinTechs oder Business Angels können geeignete Finanzierungspartner sein (Abb. 8.1).

Alle Finanzierungsgeber haben gemein, dass sie nur dann Zusagen machen, wenn Ihr Unternehmen erfolgreich und zukunftsfähig ist. Je schlechter Ihre unternehmerische Fitness ist oder erscheint, desto größer ist das Risiko, mit Ihnen zusammenzuarbeiten. Wenn sich überhaupt ein Finanzierungsgeber findet, wird

© Springer Fachmedien Wiesbaden GmbH, ein Teil von Springer Nature 2018
S. Kugler und S. Girmscheid, *Unternehmensfinanzierung und -rating mit System*, https://doi.org/10.1007/978-3-658-20638-3_8

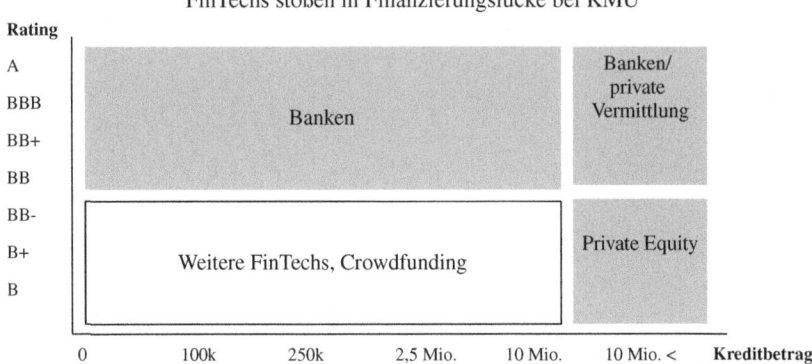

Abb. 8.1 Finanzierungsgeber – Übersicht

er horrende Risikoaufschläge berechnen. Ihre Finanzierungskosten nehmen dann extrem zu.

Ein Beispiel: Kunden mit einem AAA-Rating erhalten Kredite und Darlehen zu einem Prozent Zinsen, Unternehmen mit der Ratingnote B müssen dagegen 25 % Zinsen zahlen (Stand: Oktober 2017).

Um diese immensen Zinsaufschläge zu vermeiden, ist ein langfristiges Trainingsprogramm vonnöten: zum Beispiel das Core-Sixpack-Training. Wenn Sie diesem Programm folgen, für alle qualitativen Anforderungen einen Umsetzungsnachweis und einen fachlich korrekten Umsetzungsprozess entwickelt haben und die Kennziffern sich in einem normalen Rahmen bewegen, sind Ihre Finanzierungschancen überdurchschnittlich gut. Ihr Unternehmen *erscheint* nicht nur professionell geführt, es *ist* es auch.

Indem Sie Ihr Core-Trainingsprogramm absolviert haben, den Fragenkatalog in Kap. 5 bearbeitet haben, sich mithilfe von Kap. 6 auf das Gespräch vorbereitet haben und ggf. einen Rating Advisor (Kap. 7) zurate gezogen haben, stehen Ihre Chancen auf eine Kreditzusage zu günstigen Konditionen sehr gut.

Das Trainingsprogramm, das wir Ihnen in diesem Buch vorgestellt haben, eignet sich besonders für drei Zielgruppen:

- Unternehmen, die bereits erfolgreich am Markt sind und lediglich letzte Speckröllchen abtrainieren möchten
- Unternehmen, deren Fitnesslevel verbesserungsbedürftig ist
- Unternehmen, die eine Finanzierungsanfrage planen und/oder kurzfristig ihren Kapitalfluss erhöhen möchten

Je nachdem, welcher Gruppe Sie angehören und welche Ziele Sie verfolgen, liegt der Schwerpunkt auf kurz-, mittel- oder langfristigem Training. Im Idealfall sollten jedoch alle drei Core-Trainingsmethoden eingesetzt werden, denn sie ergänzen einander:

- Das Quick-Win-Core-Training ist schnell durchzuführen und zeitigt innerhalb von drei Monaten sichtbare Erfolge.
- Das Power-Core-Training ist mittelfristig ausgerichtet. Innerhalb von maximal sechs Monaten erzielen Sie damit Trainingseffekte.
- Das Professional Core-Training macht Ihr Unternehmen langfristig und nachhaltig fitter.

Unternehmensfitness ist wichtig für die Gesundheit und das langfristige Überleben. Wenn Sie als Unternehmen richtig Geld verdienen und leicht an Fremdkapital gelangen, nehmen die Gestaltungsspielräume zu, und die Zufriedenheit steigt.

Wenn Sie Ihr Trainingsziel erreicht haben, halten Sie Ihr Fitnesslevel und überprüfen Sie regelmäßig (z. B. mithilfe des Core-Sixpack-Tests), wie es um Ihren Trainingszustand steht. Falls sich doch wieder Fettpölsterchen bilden, können Sie die vorgestellten Trainingsmethoden problemlos erneut einsetzen.

Wir wünschen viel Spaß und Erfolg!

Literatur

Verwendete Literatur

A.B.S. Global Factoring: https://www.abs-global-factoring.de/finanzierungsmonitor2017. Zugegriffen 18 Sept 2017

9 Alle wichtigen Kennzahlen – auf den Punkt erklärt

> **Zusammenfassung**
> In diesem Kapitel finden Sie umfangreiche Infos zu Kennzahlen zur Vermögens-, Ertrags- und Finanzlage kurz und auf den Punkt erklärt. Mithilfe der Kennzahlen können Sie Ihr Unternehmen durchrechnen und anhand der Bewertung einordnen.

9.1 Kennzahlen zur Vermögenslage

Kennzahlen zur Vermögenslage

Kennzahl	Berechnung	Beschreibung und Bewertung
Sachanlagenintensität	(Sachanlagen/ Gesamtvermögen) × 100	Die aus dieser Kennzahl erhaltene Information ist kontextabhängig. Falls über mehrere Jahre sinkende Werte zu beobachten sind, könnte dies auf einen Investitionsstau hindeuten. Allerdings kann es auch im Zuge von Rationalisierungsmaßnahmen zu einer sinkenden Sachanlagenintensität kommen, was wiederum positiv zu bewerten wäre. **Bewertung:** Da zwischen einzelnen Unternehmen erhebliche Unterschiede bestehen, kann hier nur allgemein festgehalten werden: Wertausprägungen über 50 % bzw. unter 10 % sind problematisch, Werte innerhalb dieses Intervalls können als akzeptabel bzw. als gut angesehen werden

(Fortsetzung)

© Springer Fachmedien Wiesbaden GmbH, ein Teil von Springer Nature 2018
S. Kugler und S. Girmscheid, *Unternehmensfinanzierung und -rating mit System*, https://doi.org/10.1007/978-3-658-20638-3_9

Anlagenintensität	(Anlagevermögen/ Gesamtvermögen) × 100	Dieser Wert drückt aus, welche Teile des Gesamtkapitals durch Anlagen gebunden sind und nicht kurzfristig als Liquidität freigesetzt werden können. **Bewertung:** Trotz der Unterschiede zwischen verschiedenen Branchen und Betriebszwecken lässt sich generell sagen, dass eine Wertausprägung unter 25 % bzw. über 70 % problematisch ist. Werte zwischen 25 und 35 % können generell als akzeptabel, Werte zwischen 35 und 70 % als gut angesehen werden. Für die Endbewertung der Wertausprägung sollten jedoch die Branche und der Betriebszweck miteinbezogen werden
Arbeits- bzw. Umlaufintensität	(Umlaufvermögen/ Gesamtvermögen) × 100	Diese Kennzahl liefert eine Auskunft über die kurzfristig freisetzbare Liquidität eines Unternehmens. Dies erlaubt eine längerfristige Betrachtung der Liquiditätslage als eine reine Analyse der flüssigen Mittel in der Bilanz. **Bewertung:** Im Regelfall ist eine höhere Umlaufintensität positiv zu werten, allerdings sollte auch immer der Vorratsbestand betrachtet werden, da diese Annahme im Kontext eines hohen Vorratsbestandes ggf. zu revidieren ist. Ebenso kann eine niedrige Umlaufintensität bei Umstellung auf Just-in-time-Produktion sowie bei einem besonders guten Forderungsmanagement auftreten; in diesem Fall ist sie positiv zu bewerten
Vermögensintensität	(Anlagevermögen/ Umlaufvermögen) × 100	Dieser Wert beschreibt das Verhältnis von Anlagenbindung zu freisetzbarer Liquidität. Hierbei ist zwischen dem Betriebszweck (Dienstleister, produzierendes Unternehmen) zu unterscheiden. Daraus können Schlüsse gezogen werden, ob die Anlagenbindung für den Betriebszweck zu hoch ist. **Bewertung:** Eine Vermögensintensität von über 85 % bei Dienstleistern und unter 50 % beim produzierenden Gewerbe ist als problematisch anzusehen. Werte unter bzw. über diesen Grenzwerten gelten als akzeptabel, während generell ein Wert von unter 60 % bei Dienstleistern und über 60 % bei produzierendem Gewerbe als gut angesehen werden kann. ABER: Dies bedeutet nicht, dass jeder unter diesen Grenzwerten liegende Wert auch gut ist. Für die endgültige Bewertung sollte die Situation im Unternehmen analysiert werden

(Fortsetzung)

9.1 Kennzahlen zur Vermögenslage

Intensität immaterieller Vermögensgegenstände	(Summe immaterieller VGs/Gesamtvermögen) × 100	Diese Kennzahl erlaubt eine Einschätzung der Zukunftsfähigkeit eines Unternehmens, da höherwertige immaterielle Vermögengegenstände auf aktuelle Softwarelizenzen, Patente etc. schließen lassen. Allerdings ist ein zu hoher Wert bei Unternehmen außerhalb der Softwareentwicklungsbranche für Investoren kritisch zu sehen, da dies eine erhebliche Verringerung der Haftungsmasse gegenüber ihrem Buchwert darstellt. **Bewertung:** Werte über 20 % können als problematisch, Werte bis 10 % als akzeptabel und Werte zwischen 10 und 20 % als gut angesehen werden
Anlagenabgänge zu Restbuchwert	Abgänge zu AK und HK − kumulierte Abschreibungen auf Abgänge	Diese Kennzahl beschreibt den Wert der in dieser Periode aus dem Unternehmen ausgeschiedenen Vermögensgegenstände des Anlagevermögens zu ihrem Restbuchwert. **Bewertung:** Aufgrund der großen Unterschiede zwischen einzelnen Unternehmen ist bei dieser Kennzahl eine allgemeine Bewertung nicht möglich. Sie hat einen rein informativen Charakter. Zur näheren Beurteilung des Sachverhaltes dienen die Werte „Nettoinvestition" und „(Netto-)Investitionsquote"
Investitionsanteil am Umsatz	(Nettoinvestitionen/ Umsatz) × 100	Diese Kennziffer bezeichnet den relativen Anteil der getätigten Investitionen eines Unternehmens an seinem Umsatz. Ein Mehrjahresvergleich gibt Auskunft über das Investitionsverhalten bei schwankenden Umsätzen. **Bewertung:** Grundsätzlich ist ein näherungsweise konstanter Wert bei beständiger Umsatzlage positiv zu sehen, da anzunehmen ist, dass Ersatzinvestitionen gewissenhaft durchgeführt werden bzw. eine konstante Investitionsstrategie verfolgt wird. Ein konstant schwankender Wert − sofern die Schwankungen nicht auf bewusste Erweiterungs-, Akquisitions- oder Desinvestitionsentscheidungen etc. zurückzuführen sind − sollte kritisch gesehen werden

(Fortsetzung)

(Netto-)Investitionsquote	(Nettoinvestitionen/AV zu hist. AK und HK) × 100	Dieser Wert beschreibt die prozentuale investitionsbedingte Veränderung des Anlagevermögens und drückt den Grad der Erneuerung des Anlagevermögens in der Betrachtungsperiode aus. **Bewertung:** Negative Werte sind problematisch, da dann die Haftungsmasse des Unternehmens schrumpft. Werte zwischen 0 und 5 % sind akzeptabel, da in dem Fall Erweiterungsinvestitionen getätigt werden und die Haftungsmasse des Unternehmens wächst. Werte über 5 % können als gut angesehen werden. Allerdings sollte für die Endbewertung ggf. ein Zeitvergleich aufgestellt werden, um zu überprüfen, ob eine bewusste, kontinuierliche Wachstumsstrategie verfolgt wird, oder ob nur einmalige Erweiterungsinvestitionen für hohe Wertausprägungen sorgen
Nettoinvestition	Zugänge an Investitionen – Anlagenabgänge zu RBW	Dieser Wert beschreibt das Nettowachstum des Anlagevermögens im Betrachtungszeitraum. **Bewertung:** Eine allgemeingültige Bewertung dieses absoluten Wertes ist nicht möglich. Doch generell lässt sich sagen, dass die Nettoinvestitionen zumindest einen positiven Wert haben sollten, da die Haftungsmasse des Unternehmens bei negativen Werten schrumpft. Der Wert „Investitionsquote" hilft bei der Beurteilung
Nettoinvestitionsquote Sachanlagen	(Nettoinvestitionen Sachanlagen/ Sachanalagen zu hist. AK und HK) × 100	Dieser Wert gibt Auskunft über den Investitionsfokus. Für immaterielle Vermögensgegenstände und Finanzanlagen ist die Berechnung nach gleichem Schema ebenfalls möglich. Eine Gegenüberstellung dieser drei Werte ermöglicht (kontextabhängig) eine Beurteilung des Investitionsverhaltens eines Unternehmens. **Bewertung:** Werte unter 10 % sind problematisch, da dann die Gefahr besteht, dass nötige Ersatz- und Erweiterungsinvestitionen nicht ausreichend getätigt werden. Werte über diesem Grenzwert können als akzeptabel (10 bis 20 %) bzw. gut (ab 20 %) angesehen werden

(Fortsetzung)

9.1 Kennzahlen zur Vermögenslage

Anlagenabnutzungsgrad	(Kumulierte AfA Sachanlagen/Sachanlagevermögen zu hist. AK und HK) × 100	Dieser Wert gibt Auskunft über das durchschnittliche Alter der Produktionsausstattung eines Unternehmens. **Bewertung:** Höhere Werte sind hier kritisch zu bewerten, da sie auf überalterte Maschinen etc. hindeuten. Werte über 80 % sind äußerst problematisch. Werte unter 80 % gelten als akzeptabel, während Werte unter 60 % als gut eingestuft werden können, da hier angenommen werden kann, dass sich die Anlagewerte des Unternehmens auf einem aktuellen Stand befinden
Anlagenbindung	(AV/Umsatzerlöse) × 100	Dieser Wert gibt Auskunft über die Auslastung der Kapazitäten eines Unternehmens. Hieraus lässt sich im Mehr- oder Vorjahresvergleich schließen, ob es zu einer höheren Auslastung der vorhandenen Kapazitäten gekommen ist. **Bewertung:** Werte von über 50 % sollten als äußerst problematisch gesehen werden, da hier – abhängig vom Anteil des Anlagevermögens zum Gesamtvermögen – die Umschlagshäufigkeit bei nahe 1 liegen kann, was auf eine äußerst schlechte Auftragslage und geringe Kapazitätsauslastung schließen lässt. Werte unter dieser Grenze sind akzeptabel, dennoch sollte bei der Bewertung die Nähe der Wertausprägung zu dieser Grenze miteinbezogen werden. Werte unter 35 % können als gut angesehen werden, hier kann im Regelfall von ausreichender Kapazitätsauslastung ausgegangen werden. Wichtig: Für die Endbewertung sollten die Umschlagshäufigkeiten des Vermögens miteinbezogen werden
Eigenkapitalquote	(Eigenkapital/Gesamtkapital) × 100	Dieser Wert beschreibt das Verhältnis von Eigen- und Gesamtkapital. Hieraus lassen sich Schlussfolgerungen über die finanzielle Stabilität, Kreditwürdigkeit etc. ableiten. **Bewertung:** Werte unter 15 % sind kritisch. Werte über diesem Grenzwert bewegen sich im akzeptablen Bereich, während Werte ab 30 % als gut angesehen werden können

(Fortsetzung)

Fremdkapital-quote	(Fremdkapital/ Gesamtkapital) × 100	Dieser Wert beschreibt das Verhältnis von Fremd- und Gesamtkapital. Hieraus lassen sich Folgerungen über die finanzielle Stabilität, Kreditwürdigkeit etc. ableiten. Die Fremdkapitalquote ist das Gegenstück zur Eigenkapitalquote. **Bewertung:** Werte über 85 % sind problematisch, Werte unter diesem Grenzwert bewegen sich im akzeptablen Bereich. Werte unter 70 % sind als gut anzusehen
NOA (Net Operating Assets)	Bilanzsumme − nicht betrieblich genutzte Aktiva + Wert betrieblich genutzter, nicht aktivierter VGs (Leasing, Mietobjekte) − zinsfreie Verbindlichkeiten (VLL) + Equity Equivalents (stille Reserven, Aufwendungen mit Investitionscharakter) − aktive latente Steuern	Dieser Wert bezeichnet eine Art des betriebsnotwendigen Vermögens. Er liefert Informationen darüber, welche Teile der Kapitalstruktur eines Unternehmens für die gewöhnliche Geschäftstätigkeit benötigt werden. **Bewertung:** Diese Kennzahl dient lediglich der Information
Debitorenlaufzeit (Tage)	[durchschn. Bestand Forderungen aus LuL × 360 (kaufm. Jahr)]/ Umsatzerlöse	Diese Kennzahl gibt Auskunft über das durchschnittliche Zahlungsziel der Kunden eines Unternehmens. Aus der Wertausprägung lassen sich Annahmen über die Effizienz des Forderungsmanagements und über den Kundenstamm ableiten. **Bewertung:** Hohe Werte wecken Zweifel an der Effizienz des Forderungsmanagements und an der Zahlungsfähigkeit des Kundenstammes und sind negativ zu bewerten. Niedrige Werte sind im Kehrschluss positiv, da sie auf ein effizientes Forderungsmanagement und liquide Kunden hinweisen. Problematisch sind insbesondere Werte von mehr als 28, Werte unter dieser Schwelle können generell als akzeptabel, Werte unter 14 als gut angesehen werden

(Fortsetzung)

9.1 Kennzahlen zur Vermögenslage

Lagerdauer (Tage)	Dauer des Geschäftsjahres/ (Materialaufwand gesamt/durchschn. Vorratsbestand)	Diese Kennzahl beschreibt die durchschnittliche Lagerdauer der für die Produktion benötigten Vorräte. Hieraus lassen sich Schlüsse über die Effizienz der Produktion, der Logistik und der Auftragsplanung des Unternehmens ziehen. **Bewertung:** Werte von mehr als 14 sind als problematisch, Wertausprägungen unterhalb dieser Grenze als akzeptabel, Werte kleiner 7 als gut anzusehen
Kreditorenlaufzeit (Tage)	[durchschn. Bestand Verbindlichkeiten aus LuL $\times$ 360 (kaufm. Jahr)]/ Materialaufwand	Diese Kennzahl gibt Auskunft über das durchschnittliche Zahlungsziel des betrachteten Unternehmens. **Bewertung:** Niedrige Wertausprägungen sollten positiv bewertet werden, da sie auf beständige Liquidität schließen lassen. Zudem deuten niedrige Werte auf eine gute Ertragslage hin, was wiederum die Bonität verbessert. Wertausprägungen über 28 sind problematisch, Werte unter dieser Grenze akzeptabel, Werte unter 14 gut
Umschlagshäufigkeit der Vorräte	Vorratsverbrauch (Umsatz)/durchschn. Vorratsbestand	Eine hohe Umschlaghäufigkeit der Vorräte kann sowohl eine effiziente Logistik als auch eine geldmangelbedingte kurze Vorratshaltung andeuten. Letzteres lässt sich durch Hinzuziehen der Bank- und Kassenbestände in die Betrachtung ausschließen. **Bewertung:** Werte unter 2 sind problematisch, während Werte über dieser Grenze in den akzeptablen Bereich fallen
Umschlagshäufigkeit des Anlagevermögens	Umsatzerlöse/AV	Dieser Wert beschreibt die Umschlaghäufigkeit des Anlagevermögens. Je höher er ist, desto wirtschaftlicher ist der Vermögenseinsatz. **Bewertung:** Werte unter 2 gelten als problematisch, Werte über dieser Grenze sind akzeptabel

(Fortsetzung)

Umschlags-häufigkeit des Umlaufver-mögens	Umsatzerlöse/UV	Dieser Wert beschreibt die Umschlagshäufigkeit des Umlaufvermögens. Je höher er ist, desto wirtschaftlicher ist der Vermögenseinsatz. **Bewertung:** Werte unter 2 sind problematisch, Werte über dieser Grenze gelten als akzeptabel
Umschlags-häufigkeit des Gesamtver-mögens	Umsatzerlöse/GV	Dieser Wert beschreibt die Umschlagshäufigkeit des Gesamtvermögens. Je höher er ist, desto wirtschaftlicher ist der Vermögenseinsatz. **Bewertung:** Werte unter 1,5 sind als problematisch zu sehen, Werte über dieser Grenze fallen in den akzeptablen Bereich
Vermögens-umschlags-häufigkeit AV in Tagen	Dauer des Geschäftsjahres/ Umschlagshäufig-keit AV	Der zuvor berechnete relative Wert der Umschlags-häufigkeit des Anlagevermögens kann mithilfe dieser Formel in einen absoluten Tag-Wert überführt werden. Da dieser anschaulicher ist als der relative Wert, ist dies dringend zu empfehlen. **Bewertung:** Je niedriger der absolute Wert, desto besser. Werte unter 180 Tagen können als akzeptabel, Werte über dieser Grenze als problematisch angesehen werden
Vermögens-umschlags-häufigkeit UV in Tagen	Dauer des Geschäftsjahres/ Umschlagshäufig-keit UV	Der zuvor berechnete relative Wert der Umschlags-häufigkeit des Umlaufvermögens kann mithilfe dieser Formel in einen absoluten Tag-Wert überführt werden. Da dieser anschaulicher ist als der relative Wert, ist dies dringend zu empfehlen. **Bewertung:** Je niedriger der absolute Wert, desto besser. Werte unter 180 Tagen können als akzeptabel, Werte über dieser Grenze als problematisch angesehen werden
Vermögens-umschlags-häufigkeit GV in Tagen	Dauer des Geschäftsjahres/ Umschlagshäufig-keit GV	Der zuvor berechnete relative Wert der Umschlags-häufigkeit des Gesamtvermögens kann mithilfe dieser Formel in einen absoluten Tag-Wert überführt werden. Da dieser anschaulicher ist als der relative Wert, ist dies dringend zu empfehlen. **Bewertung:** Je niedriger der absolute Wert, desto besser. Werte unter 180 Tagen können als akzeptabel, Werte über dieser Grenze als problematisch angesehen werden

9.2 Kennzahlen zur Ertragslage

Kennzahlen zur Ertragslage (Ergebnisbeurteilung)

Kennzahl	Berechnung	Beschreibung und Bewertung
Aktivierungsquote	(aktivierte Eigenleistungen/FuE-Aufw. ges.) × 100	Die Aktivierungsquote gibt Aufschluss über die Bilanzpolitik des Unternehmens. **Bewertung:** Niedrige Werte lassen darauf schließen, dass das betrachtete Unternehmen ergebnisschönende Maßnahmen nicht nötig hat. Hohe Werte sind mit Ausnahme von Sonderfällen (z. B. Eigenfertigung neuer Produktionsmaschinen) kritisch zu sehen. Werte unter 15 % liegen generell im akzeptablen (unter 5 % im guten) Bereich, sofern kein Sonderfall vorliegt
ROCE (Return on Capital Employed) (nach EBIT)	(EBIT/Capital Employed) × 100	Dieser Wert liefert Informationen darüber, wie effizient ein Unternehmen mit seinem eingesetzten Kapital gewirtschaftet hat. Er ist genauer als der gängige Wert ROI. Die Berechnung erfolgt hier auf Basis des EBIT. **Bewertung:** Wie auch bei anderen Renditemaßen gilt hier: je höher, desto besser
ROCE (nach NOPAT)	(NOPAT/Capital Employed) × 100	An diesem Wert lässt sich ablesen, wie effizient ein Unternehmen mit seinem eingesetzten Kapital gewirtschaftet hat. Er ist genauer als der gängige Wert ROI. Die Berechnung erfolgt hier auf Basis des NOPAT. **Bewertung:** Je höher der Wert ist, desto besser
Anteil ordentliches Betriebsergebnis	(ordentliches BE/EBT) × 100	Diese Kennzahl gibt Auskunft über die Gewinnzusammensetzung des Unternehmens. **Bewertung:** Der Wert dieser Kennzahl sollte im Normalfall leicht unter 100 % liegen, da das Finanzergebnis in der Regel einen Gewinnbeitrag leistet. Akzeptable Ausnahme: Das Finanzergebnis liefert nachhaltig einen signifikanten Gewinnbeitrag neben dem eigentlichen Kerngeschäft. In diesem Fall darf der Wert ohne adverse Auswirkungen auf die Bewertung entsprechend niedriger ausfallen. Im Regelfall können Werte von unter 80 % als problematisch angesehen werden, Werte über dieser Grenze sind akzeptabel, Werte über 95 % gelten als gut

(Fortsetzung)

Kennzahl	Formel	Beschreibung
Anteil Finanzergebnis	(Finanzergebnis/ EBT) × 100	Diese Kennzahl stellt den Beitrag des Finanzergebnisses zum Gewinn dar. **Bewertung:** Sofern kein nachhaltiger signifikanter Gewinnbeitrag neben dem eigentlichen Kerngeschäft geliefert wird, sollte dieser Wert nicht zu hoch ausfallen, da es sich in diesem Fall meist um einmalig hohe Gewinne aus dem Verkauf von Finanzanlagen handelt. Werte größer 15 % sind hier im Regelfall kritisch zu sehen, unterhalb dieser Grenze bewegen sich die Wertausprägungen im akzeptablen (unter 5 % im guten) Bereich
Anteil neutrales Betriebsergebnis	(neutrales BE/ EBT) × 100	Hier wird der Anteil des neutralen Ergebnisses am Gewinn beschrieben. Relevant ist dieser Wert vor allem für die Überprüfung der Aussagekraft eines hohen ausgewiesenen Gewinns. Sollte dieser zu einem signifikanten Teil aus neutralen Erträgen bestehen, kann von der Einmaligkeit dieses Ereignisses ausgegangen werden; er sollte für die Bewertung der generellen Ertragskraft des Unternehmens berichtigt werden. **Bewertung:** Werte über 5 % sind als problematisch zu betrachten, unter dieser Grenze bewegen sich die Wertausprägungen im akzeptablen Bereich
Eigenkapitalrentabilität	(Jahresüberschuss/Eigenkapital) × 100	Dieser Wert drückt die Rentabilität des eingesetzten Eigenkapitals aus. Hier ist im Vergleich zu beachten, ob das betrachtete Unternehmen vom Leverage-Effekt Gebrauch macht. **Bewertung:** Für die Bewertung muss auch die Zusammensetzung des Eigenkapitals berücksichtigt werden. Ein Alleininhaber hat andere Renditeerwartungen als ein Teilinhaber; generell lässt sich jedoch sagen, dass aufgrund des größeren mit Eigenkapital verbundenen Risikos Werte unter 5 % problematisch sind, da sie Gefahr laufen, unter die gängigen Renditen anderer Anlageformen zu fallen. Wertausprägungen über 10 % können als akzeptabel, solche über 20 % als gut angesehen werden
Gesamtkapitalrentabilität	(EBIT/Gesamtkapital) × 100	Dieser Wert beschreibt die Verzinsung des gesamten im Unternehmen investierten Kapitals. Damit lässt sich die Effizienz des Kapitaleinsatzes bewerten. Ebenso ist sie ein Maß für die Kreditwürdigkeit eines Unternehmens. **Bewertung:** Eine Wertausprägung von unter 10 % sollte als problematisch angesehen werden, Werte zwischen 10 und 15 % bewegen sich im akzeptablen Bereich, solche über 15 % sind als gut zu bewerten

(Fortsetzung)

9.2 Kennzahlen zur Ertragslage

Umsatzrentabilität	(EBIT/Umsatzerlöse) × 100	Dieser Wert beschreibt den Anteil des ordentlichen Betriebsergebnisses am Umsatz eines Unternehmens. Er zeigt an, wie viel Gewinn das Unternehmen mit einem Euro Umsatz erwirtschaftet. Aus dem Mehrjahresvergleich lassen sich Schlüsse über die Produktivität des Unternehmens ziehen. Bei steigender Umsatzrentabilität bei unveränderten Verkaufspreisen kann man von einer gestiegenen Produktivität im Unternehmen ausgehen. Eine sinkende Umsatzrentabilität lässt auf sinkende Produktivität und steigende Kosten schließen. **Bewertung:** Im Allgemeinen gilt eine Wertausprägung unter 5 % als problematisch, Werte über dieser Grenze sind akzeptabel, ab 15 % sind sie als gut anzusehen
Cashflow-Umsatzrate	operativer Cashflow/Umsatzerlöse	Dieser Wert beschreibt das Verhältnis von Cashflow zu Umsatz. Es wird hier dargestellt, welcher Teil des Umsatzes dem Unternehmen schlussendlich als Liquidität zufließt. **Bewertung:** Je höher, desto besser
Umschlagshäufigkeit des Capital Employed	Umsatzerlöse/ Capital Employed	Dieser Wert drückt aus, wie oft das eingesetzte Kapital in der Betrachtungsperiode umgeschlagen wurde. Hieraus lassen sich Schlüsse über die Effektivität der Prozesse und die Wirtschaftlichkeit eines Unternehmens ziehen. **Bewertung:** Werte unter 2 sind problematisch, Werte über 2 akzeptabel, Werte über 4 gut. Basis für die Aufstellung und Gültigkeit dieser Werte ist allerdings, dass sich der Anteil des Capital Employed zumindest im akzeptablen Bereich befindet
EVA (Economic Value Added)	NOPAT − WACC × NOA oder (ROCE − WACC) × NOA	Der Economic Value Added gibt Auskunft über die Wertsteigerung des Unternehmens in der Betrachtungsperiode und somit über dessen Attraktivität für Investoren und den für die Eigentümer erwirtschafteten Mehrwert. **Bewertung:** Da es sich hier um geschaffenen Mehrwert handelt, wird von einer Bewertung der absoluten Höhe abgesehen. Es ist zu überprüfen, ob im Zeitvergleich eine gewisse Konstanz der Werte und ihrer Entwicklung besteht. Falls dies nicht der Fall ist, sollte über Maßnahmen zur Erhöhung des EVA nachgedacht werden, da langfristig die Wettbewerbsfähigkeit des Unternehmens gefährdet ist. Zudem sollten negative Wertausprägungen kritisch beäugt und auf ihre Dauer untersucht werden; denn in diesem Fall übersteigen die Kapitalkosten die Wirtschaftskraft des Unternehmens, und es sollte über Maßnahmen zur Kostensenkung nachgedacht werden

(Fortsetzung)

NOPAT (Net Operating Profit after Taxes)	EBIT − tatsächlicher Steueraufwand	Dabei handelt es sich um das Betriebsergebnis nach Steuern, aber vor Zinsen, dessen Ausprägung für die Berechnung einer Vielzahl von wertorientierten Kennzahlen benötigt wird
Betriebsrentabilität	(BE/NOA) × 100	Dieser Wert beschreibt die bereinigte Rentabilität des für die Umsatzgenerierung eingesetzten Vermögens, da er auf den NOA basiert
EBIT	Eingabe oder Jahresüberschuss + Zinsaufwand + Steueraufwand	Dabei handelt es sich um den Gewinn vor Zinsen und Steuern, auch ordentliches Betriebsergebnis genannt
EBITDA	Eingabe oder EBIT + Abschreibungsaufwand	Dabei handelt es sich um den Gewinn vor Zinsen, Steuern und Abschreibungen
EBIDA	Eingabe oder Jahresüberschuss + Zinsaufwand + Abschreibungsaufwand bzw. EBIT + Abschreibungsaufwand − Steueraufwand	Die Kennzahl beziffert den Gewinn vor Zinsen und Abschreibungen unter Abzug rechnerischer Ertragssteuern
Arbeitsproduktivität/ Umsatz je Mitarbeiter	Umsatzerlöse/ Anzahl Beschäftigter	Dieser Wert beschreibt die Arbeitsproduktivität der Mitarbeiter eines Unternehmens in Euro. **Bewertung:** Werte unter 50.000 EUR sind als problematisch anzusehen, da hier ggf. die Kosten für die Mitarbeiter deren Nutzen (Produktivität) übersteigen. Werte über diesem Grenzwert können generell als akzeptabel angesehen werden, während bei Werten über 160.000 EUR von guter Produktivität ausgegangen werden kann
Rohertrag je Mitarbeiter	Rohergebnis/ Anzahl Beschäftigter	Dieser Wert beschreibt den erwirtschafteten Rohertrag pro Beschäftigtem. Im Vergleich zur generellen Arbeitsproduktivität lassen sich Schlüsse auf eventuell nötige betriebliche Veränderungsmaßnahmen zur Effizienzsteigerung ziehen

(Fortsetzung)

9.2 Kennzahlen zur Ertragslage

Kennzahlen zur Ertragslage (Leistungsanalyse)

Kennzahl	Berechnung	Beschreibung und Bewertung
Vorratsintensität	(Vorräte/Umsatzerlöse) × 100	Diese Kennzahl lässt sich nur durch einen Mehrjahresvergleich klar interpretieren. So kann eine hohe Vorratsintensität auf ein ineffizientes Lagermanagement, aber auch auf einen Umsatzboom mit für das nächste Geschäftsjahr vorab produzierten Gütern oder auf schleppende Umsätze unter dem Jahresplanwert hinweisen. **Bewertung:** Werte über 20 % können als problematisch, Werte unter dieser Grenze als akzeptabel bzw. als gut angesehen werden
Fertigproduktintensität	(Fertigproduktbestand/Umsatzerlöse) × 100	Hier gilt dasselbe wie bei der Vorratsintensität, die Kennzahl bezieht sich allerdings ausschließlich auf die Fertigprodukte. **Bewertung:** Werte über 15 % gelten als problematisch, Werte unter dieser Grenze können dagegen als akzeptabel bzw. gut angesehen werden
FuE-Quote	(FuE-Aufwand ges./Umsatzerlöse) × 100	Dieser Wert gibt Auskunft über die Zukunftsorientierung eines Unternehmens, da hier die in der Periode verbuchten FuE-Aufwendungen ins Verhältnis zum Umsatz gesetzt werden. **Bewertung:** Höhere Werte lassen im Normalfall auf einen kontinuierlichen Prozess der Produktverbesserung und Angebotserweiterung schließen. Dennoch sollte für die Endbeurteilung auch immer der Betriebszweck beachtet werden
Materialintensität	(Materialaufwand/Gesamtleistung) × 100	Diese Kennzahl beschreibt das Verhältnis der Materialaufwendungen zur Gesamtleistung. Sie ist generell nur für produzierende Unternehmen relevant. **Bewertung:** Werte über 50 sind meist problematisch. Akzeptabel sind dagegen Werte zwischen 25 und 50 %
Abschreibungsquote	(Abschreibungsaufwand gesamt/Gesamtkapital) × 100	Dieser Wert beschreibt das Verhältnis zwischen Abschreibungsaufwand und Gesamtkapital. **Bewertung:** Werte unter 4 % gelten als problematisch. Liegen die Werte über diesem Grenzwert, können sie als akzeptabel angesehen werden, Werte über 8 % sind als gut einzustufen. Für eine realistische Bewertung sollte auch beachtet werden, ob sich die Höhe der Abschreibungen aufgrund bilanzpolitischer Maßnahmen und wertminderungsbedingter Sonderabschreibungen für die Betrachtungsperiode künstlich erhöht hat

(Fortsetzung)

Abschreibungsquote Sachanlagen	(Abschreibungen des Geschäftsjahres/Sachanlagevermögen zu hist. AK und HK) × 100	Dieser Wert gibt Auskunft über den Investitionsbedarf zum Erhalt der Substanz des Unternehmens. **Bewertung:** Hohe AfA deuten auf eine kurze Nutzungsdauer und „neue" Sachanlagen hin
Wachstumsquote	(1 − Nettoinvestitionen/Abschreibungen auf AV) × 100	Dieser Wert als Verhältnis von Nettoinvestitionen zu Abschreibungen auf das AV zeigt an, in welchem Maße das langfristige Vermögen des Unternehmens in der Betrachtungsperiode im Saldo gewachsen ist. **Bewertung:** Die Wachstumsquote eines Unternehmens ist nur bedingt für seine Bewertung relevant, da sie zu sehr von der individuellen Unternehmensstrategie abhängt. Dies erschwert eine generelle Definition von Eckwerten
Anteil Vorleistungen	(Vorleistungen ges./Gesamtleistung) × 100	Dieser Wert beschreibt den Anteil der Vorleistungen an der Gesamtleistung des Unternehmens. Hieraus lassen sich Schlüsse über die Fertigungsorganisation eines Unternehmens ziehen. Je höher dieser Anteil ist, desto mehr Teilprozesse der Produktion werden vorab extern durchgeführt. **Bewertung:** Aufgrund verschiedenster möglicher Organisations- und Strategieansätze erfolgt hier keine Beurteilung. Dieser Wert dient lediglich der Information
Anteil Wertschöpfung	(Wertschöpfung/Produktionswert) × 100	Dieser Wert beschreibt den Anteil der erwirtschafteten Wertschöpfung am Produktionswert. Hierbei wird aufgezeigt, welcher Teil des Produktionswertes im Unternehmen selbst erwirtschaftet wurde. **Bewertung:** Dieser Wert dient lediglich der Information
Anteil Personalaufwand	(Personalaufwand/Wertschöpfung) × 100	Dieser Wert beschreibt das Verhältnis von Personalaufwand zu erwirtschafteter Wertschöpfung. **Bewertung:** Um diese Kennzahl in ihrer Entwicklung richtig zu interpretieren, sollte ein Zeitvergleich genutzt werden. Konstante oder sinkende Ausprägungen sind positiv zu bewerten. Steigt der Wert an, ist zu prüfen, ob dies aufgrund gesunkener Wertschöpfung, gestiegenen Personalaufwandes oder einer Kombination beider Faktoren geschehen ist. Zur Bewertung der Höhe des Personalaufwandes dienen die Werte „Personalintensität" und „Arbeitsproduktivität"

(Fortsetzung)

9.2 Kennzahlen zur Ertragslage

Arbeitsproduktivität (nach Wertschöpfung)	Wertschöpfung/ Anzahl Beschäftigter	Dieser Wert beschreibt die Arbeitsproduktivität der Mitarbeiter eines Unternehmens auf Basis der erwirtschafteten Wertschöpfung der Periode. Er eignet sich besser für die Beurteilung der Produktivität als die gängige Kennzahl „Umsatz je Mitarbeiter", da hierbei die durch z. B. Outsourcing von Teilen der Produktion gesparten Kosten als Vorleistungen nicht mit in die Berechnung einfließen. **Bewertung:** Für die Auswertung sollte auf einen Zeitvergleich zurückgegriffen werden. Steigende und konstante Werte sind positiv, sinkende Werte negativ zu bewerten
Arbeitsproduktivität (nach Gesamtleistung)	Gesamtleistung/ Anzahl Beschäftigter	Dieser Wert beschreibt die Arbeitsproduktivität der Mitarbeiter eines Unternehmens auf Basis der erbrachten Gesamtleistung der Periode. **Bewertung:** Es gelten ähnliche Richtwerte wie bei der Kennziffer „Arbeitsproduktivität (Umsatz)". Werte unter 50.000 EUR können als problematisch, Werte über dieser Grenze als akzeptabel angesehen werden. Werte über 160.000 EUR gelten als gut
Wertschöpfung (nach der Entstehungsrechnung)[a]	Produktionswert − Vorleistungen Produktionswert = Gesamtleistung = Umsatzerlöse + aktivierte Eigenleistungen ± Bestandsveränderungen an fertigen und unfertigen Erzeugnissen (falls Gesamtleistung nicht als Wert angegeben)	Diese Kennziffer zeigt den Beitrag des Betriebes zum Volkseinkommen, es handelt sich folglich um einen Maßstab der Leistungskraft eines Betriebes. Bei der Entstehungsrechnung wird berechnet, welchen Mehrwert das Unternehmen in der Betrachtungsperiode erwirtschaftet hat. Dies wird durch das Herausrechnen der in Anspruch genommenen Vorleistungen aus der Gesamtleistung erreicht. **Bewertung:** Diese Kennziffer wird nicht bewertet, da eine Definition genereller Eckwerte aufgrund der starken Abhängigkeit dieses Wertes von der Betriebsgröße nicht möglich ist. Grundsätzlich lässt sich festhalten, dass eine im Zeitvergleich konstante bzw. steigende Wertausprägung positiv und eine im Zeitvergleich sinkende Wertausprägung negativ zu bewerten ist. Aber: Es muss beachtet werden, ob eine Senkung auf bewusste Outsourcing-Entscheidungen zurückzuführen ist. In diesem Fall sollte eine negative Beurteilung entfallen, sofern die Erträge in den Folgeperioden unbeeinträchtigt waren

(Fortsetzung)

Personalintensität	(Personalaufwand/Gesamtleistung) × 100	Hier wird der Anteil der Personalkosten an der Gesamtleistung gemessen. **Bewertung:** Generell ist ein niedriger Wert positiv zu betrachten, da er auf eine gute Arbeitsauslastung der Personalkapazitäten schließen lässt. Zu beachten ist allerdings, dass branchenübergreifende Vergleiche aufgrund stark variierender Rahmenbedingungen wenig aussagekräftig sind. Ebenso wird die Kennzahl durch den Einsatz von Leiharbeit verzerrt, da die Aufwendungen dafür bei anderen GuV-Posten verbucht werden und nicht in die Berechnung dieser Kennzahl einfließen
Pro-Kopf-Personalaufwand	Personalaufwand/ Beschäftigtenzahl	Dieser Wert wird auch als Lohnniveau bezeichnet und liefert eine Information über das durchschnittliche Arbeitsentgelt eines Mitarbeiters im betrachteten Unternehmen. **Bewertung:** Dieser Wert dient ausschließlich der Information
Rohertragsquote	(Rohergebnis/ Umsatzerlöse) × 100	Dieser Wert beschreibt das Verhältnis von unternehmerischem Rohertrag zum tatsächlichen Umsatz. **Bewertung:** Aufgrund der großen Bandbreite an hergestellten Produkten, den vielfältigen Produktionsverfahren, dem unterschiedlichen Automatisierungsgrad der Produktion in verschiedenen Unternehmen und weiterer Einflussfaktoren wird eine generelle Bewertung bei dieser Kennzahl erschwert. Unternehmen mit einer größtenteils automatisierten Produktion haben in der Regel einen geringeren Personalbedarf, benötigen also einen kleineren Teil des Restumsatzes für Aufwendungen, die nicht materieller Natur sind. Einige generelle Eckwerte können dennoch definiert werden: Eine Wertausprägung unter 10 % ist problematisch, Werte über dieser Grenze liegen im akzeptablen Bereich, während Werte über 30 % generell als gut angesehen werden können
Summe Rohertrags- und Personalquote	Rohertragsquote + Personalaufwandsquote	Dieser Wert zeigt an, ob die Umsatzerlöse eines Unternehmens dem eingesetzten Aufwand Rechnung tragen, denn er beschreibt, welcher Teil des Umsatzes für die Produktion und das Personal aufgewendet werden muss. **Bewertung:** Da Unternehmen verschiedene Ansätze zur Produktion, Organisation und Personalwirtschaft verfolgen können, wird hier auf eine allgemeine Bewertung verzichtet

(Fortsetzung)

Zinsaufwandquote	(Zinsaufwand gesamt/Umsatzerlöse) × 100	Dieser Wert beschreibt das Verhältnis zwischen den Aufwendungen für Fremdkapitalzinsen und den Umsatzerlösen. **Bewertung:** Diese Kennzahl wird indirekt stark durch die vergangene und momentane Kreditwürdigkeit des Unternehmens und die Lage an den Kapitalmärkten beeinflusst, generell lassen sich für die Bewertung jedoch folgende Grenzwerte aufstellen: Werte über 10 % sind problematisch, Wertausprägungen zwischen 5 und 10 % sind akzeptabel, Werte unter 5 % können als gut angesehen werden. Zusätzlich gilt es, die Struktur des Fremdkapitals zu prüfen und festzustellen, ob evtl. Maßnahmen zu ergreifen sind

[a]Nach der Verteilungsrechnung berechnet sich die Wertschöpfung dagegen folgendermaßen: Summe aus Personalaufwand + Steuern + Zinsen und ähnliche Aufwendungen + Aufsichtsratsvergütungen + Jahresüberschuss

9.3 Kennzahlen zur Finanzlage

Kennzahlen zur Finanzlage

Kennzahl	Berechnung	Beschreibung und Bewertung
Liquidität 1. Grades	(flüssige Mittel/ kurzfr. Fremdkapital) × 100	Die sogenannte Barliquidität gibt Auskunft über die Möglichkeiten der Rückzahlung kurzfristiger Verbindlichkeiten aus flüssigen Mitteln im Unternehmen. **Bewertung:** Die Aussagekraft dieser Kennzahl wird durch die Stichtagsbezogenheit ihrer Informationsquellen erheblich beeinträchtigt, da nicht in der Bilanz enthaltene bevorstehende Zahlungsströme großen Einfluss auf ihren Wert haben. Allgemein lässt sich festhalten, dass Werte unter 20 % problematisch sind, Werte zwischen 20 und 50 % gelten als akzeptabel, Wertausprägungen über 50 % sind in der Regel als gut zu bewerten. Die Bewertung hängt allerdings stark von der Branche und dem Unternehmen ab

(Fortsetzung)

Liquidität 2. Grades	[(flüssige Mittel + kurzfr. Forderungen)/ kurzfr. Fremdkapital] × 100	Dieser Wert gilt als das aussagekräftigste Liquiditätsmaß, da hier die großen Schwankungen der flüssigen Mittel durch das Hinzuziehen der kurzfristigen Forderungen teilweise revidiert werden. **Bewertung:** Im Idealfall sollte dieser Wert zwischen 100 und 120 % liegen. Werte unter 100 % deuten auf mögliche Zahlungsschwierigkeiten hin. Achtung: Die generell geringe Aussagekraft von Liquiditätskennzahlen darf für die Gesamtbewertung auch hier nicht außer Acht gelassen werden
Liquidität 3. Grades	[(flüssige Mittel + kurzfr. Forderungen + Vorräte)/ kurzfr. Fremdkapital] × 100	Diese Kennzahl erfasst die Liquidität im weitesten Sinne. Sie bezieht alle gewöhnlichen Einzahlungsströme des Unternehmens mit ein. **Bewertung:** Im Idealfall sollte dieser Wert zwischen 120 und 150 % liegen. Werte über diesem Bereich lassen auf unnötige Kapitalbindung aufgrund zu großer Lagerbestände schließen. Achtung: Diese Kennzahl ist genau wie alle anderen Liquiditätskennzahlen anfällig für bilanzpolitische Maßnahmen
Working Capital	UV − kurzfr. Fremdkapital	Diese Kennzahl gibt Auskunft über die Finanzierungsstruktur und generelle Zahlungsfähigkeit eines Unternehmens. **Bewertung:** Positive Werte lassen auf Zahlungsfähigkeit schließen, negative Werte wiederum deuten darauf hin, dass Teile des Anlagevermögens entgegen der goldenen Bilanzregel kurzfristig finanziert wurden
Net Working Capital	Vorräte + Forderungen LuL − Verbindlichkeiten aus LuL	Diese Kennzahl gibt Auskunft darüber, welcher Teil des Betriebsvermögens kurzfristig zur Generierung von Umsatz zur Verfügung steht und nicht fremdfinanziert ist. **Bewertung:** Negative Werte sind kritisch zu sehen, während sich positive Werte im akzeptablen Bereich bewegen. Je höher die Werte, desto besser
Working Capital Ratio	(Anlagevermögen − kurzfr. Verbindlichkeiten)/UV	Dieser Wert gibt Auskunft darüber, welche Teile des Umlaufvermögens langfristig finanziert sind, also nicht der goldenen Bilanzregel entsprechen. **Bewertung:** Werte über 35 % sind äußerst problematisch. Werte zwischen 20 und 35 % können als akzeptabel angesehen werden, während Werte unter 20 % als gut gelten

(Fortsetzung)

9.3 Kennzahlen zur Finanzlage

Effektivverschuldung (grob)	Fremdkapital − UV	Dieser Wert zeigt auf, welche Teile des Fremdkapitals nicht durch mittelfristig freisetzbare Liquidität gedeckt sind, und er bezeichnet den Umfang des zu ihrer Beseitigung benötigten Kapitals. **Bewertung:** Eine allgemeine Bewertung der Wertausprägung ist nicht möglich, denn diese kann – abhängig von der Größe des Unternehmens – sehr stark variieren. Generell gilt die Devise: je geringer, desto besser
Effektivverschuldung I	kurz- und mittelfristiges Fremdkapital − Verbindlichkeiten mit einer RLZ > 5 Jahre Gesamtschulden (inklusive kurzfristige RS und Dividenden) − monetäres UV (ohne Forderungen mit Restlaufzeit > 5 Jahre)	Dieser Wert ist eine genauere Darstellung der Effektivverschuldung. Er zeigt an, welche mittelfristig fälligen Verbindlichkeiten durch das Umlaufvermögen gedeckt sind. **Bewertung:** Negative Wertausprägungen sind erstrebenswert, da diese eine Überdeckung der anfallenden Schulden bezeichnen. Positive Werte hingegen bezeichnen eine Unterdeckung der demnächst fälligen Schulden. Allerdings wird die Aussagekraft dieser Kennzahl durch den Nichteinbezug v. a. der Pensionsverpflichtungen beeinträchtigt. Für eine gesamtheitliche Betrachtung eignet sich die Kennzahl „Effektivverschuldung II"
Verschuldungsfaktor I	Effektivverschuldung I/Free Cashflow	Diese Kennzahl ist von besonderer Relevanz für Bonitätsprüfungen, da sie den Zeitraum in Jahren darstellt, den ein Unternehmen für die Rückzahlung seiner Schulden benötigt. **Bewertung:** Im Normalfall sollte dieser Wert zwischen drei und sieben Jahren liegen, im Idealfall sogar darunter. Bei Werten darüber wird sich die Bank eher als Eigenkapitalgeber einstufen und entsprechende Risikozuschläge verlangen. Ein niedriger Verschuldungsfaktor ist essenziell, um Darlehen zu günstigen Konditionen zu erhalten
Effektivverschuldung II	Effektivverschuldung I + Pensionsverpflichtungen + sonstige finanzielle Verpflichtungen	Bei dieser Kennzahl werden die in der Berechnung der Effektivverschuldung I zunächst außer Acht gelassenen Pensionsverpflichtungen und sonstigen finanziellen Verpflichtungen miteinbezogen. Es werden somit Informationen für ein langfristigeres Schuldenmanagement geliefert. **Bewertung:** Negative Wertausprägungen sind wünschenswert, da diese eine Überdeckung der Schulden bezeichnen

(Fortsetzung)

Kennzahl	Formel	Beschreibung
Capital Employed (betriebsnotwendiges zinspflichtiges Kapital)	Anlagevermögen + (Umlaufvermögen − kurzfr. Fremdkapital)	Dieser Wert bezeichnet das betriebsnotwendige Vermögen, also jene Teile des Vermögens, die zur Fortführung des Betriebszwecks dauerhaft benötigt werden. **Bewertung:** Eine allgemeine Bewertung dieses sehr von der Unternehmensgröße abhängigen Wertes ist nicht möglich. Dazu sollte man den Kapitalumschlag (des Capital Employed) und dessen Anteil am Gesamtvermögen berechnen. Doch der Wert des Capital Employed sollte zumindest positiv sein
Schuldentilgung in Jahren	[(EBIT + Zinsaufwand)/Gesamtkapital] × 100	Diese Kennziffer gibt Auskunft über die erzielte Rendite. **Bewertung:** Beträgt die Schuldentilgungsdauer mehr als zwölf Jahre, ist das problematisch. Werte zwischen fünf und zwölf Jahren gelten als akzeptabel. Liegt die Schuldentilgungsdauer unter fünf Jahren, ist das sehr gut
WACC (Weighted Average Cost of Capital)	EK − Quote × EK-Verzinsung + FK-Quote × durschn. FK Zins × (1 − Steuersatz)	Diese Kennzahl gibt Auskunft über die Höhe der Kapitalkosten eines Unternehmens für Investitionen. **Bewertung:** Grundsätzlich gilt: je niedriger, desto besser. Allgemeine Eckwerte lassen sich allerdings aufgrund der stark variierenden Erwartungen der jeweiligen Eigenkapitalgeber und der unterschiedlichen Eigenkapitalquoten von Unternehmen nicht aufstellen
Verschuldungsquote/ Verschuldungsgrad	Fremdkapital/ Eigenkapital	Dieser Wert beschreibt das Verhältnis von Eigen- zu Fremdkapital und gibt Auskunft über die Finanzierungsstruktur eines Unternehmens. **Bewertung:** Je niedriger der entsprechende Wert ausfällt, desto größer ist die finanzielle Stabilität eines Unternehmens. Alle Werte bis 200 % können als akzeptabel bewertet werden. Bei Werten über dieser Grenze sollte die Kapitalstruktur des Unternehmens kritisch geprüft werden
Selbstfinanzierungsgrad	Gewinnrücklagen/ Gesamtkapital	Der Selbstfinanzierungsgrad gibt an, welche Möglichkeiten ein Unternehmen hat, sich selbst aus Gewinnen zu finanzieren und wie hoch mögliche Gewinnausschüttungen sind. **Bewertung:** Werte unter 10 % sind problematisch (Ausnahme: Unternehmensneugründungen). Werte zwischen 10 und 20 % bilden den akzeptablen Bereich. Werte über 20 % können als gut angesehen werden

(Fortsetzung)

9.3 Kennzahlen zur Finanzlage

Investitionsdeckung	(operativer Cashflow/Nettoinvestitionen) × 100	Dieser Wert veranschaulicht, zu welchem Teil die Nettoinvestitionen durch die dem Unternehmen aus operativer Tätigkeit zufließenden liquiden Mittel gedeckt werden können. **Bewertung:** Werte unter 75 % sind problematisch. Als akzeptabel gelten Werte zwischen 75 und 100 %. Beträgt die Investitionsdeckung mehr als 100 %, ist das als gut zu bewerten
Cash Burn Rate	(flüssige Mittel + geldnahe Mittel)/Cashflow (Betrag des negativen Cashflows)	Dieser Wert gibt Auskunft über drohende Insolvenz eines Unternehmens bei andauernder Kapitalvernichtung. Im Idealfall sollte sich eine solche Entwicklung nicht über mehrere Perioden hinweg fortsetzen. Die Kennzahl dient hauptsächlich als Instrument zum anfänglichen Krisenmanagement, da sie schnell Informationen über den Zeitraum für benötigte Veränderungsmaßnahmen liefert. **Bewertung:** Das Auftreten eines negativen Cashflows ist als äußerst negativ zu bewerten. Bei einem Wert unter 1 besteht akute Insolvenzgefahr für das Unternehmen
Free Cashflow	operativer Cashflow + Cashflow aus Investitionstätigkeit	Dieser Wert gibt Auskunft darüber, welcher Teil des Cashflows für Finanzierungstätigkeiten (Kredittilgung, Kapitaldienst) zur Verfügung stehen. **Bewertung:** Generell ist ein höherer Wert anzustreben, er darf allerdings nicht durch bewusstes Aufschieben von nötigen Investitionen geschönt werden. Hier ist immer die Investitionslage des Unternehmens in die Bewertung miteinzubeziehen. Grundsätzlich sollte der Free Cashflow den Finanzierungsbedarf überschreiten
Dynamischer Verschuldungsgrad (in Jahren)	Fremdkapital/operativer Cashflow	Dieser Wert gibt Auskunft darüber, wie lange die Tilgung der Schulden bei vollem Einsatz des momentanen operativen Cashflows für diesen Zweck dauern würde. **Bewertung:** Im Regelfall sollte sich die Wertausprägung dieser Kennzahl zwischen 4 und 7 bewegen. Werte darüber sind kritisch zu sehen, während Werte unter 4 als gut betrachtet werden können
Schuldendienstdeckungsgrad	EBITDA/Zinsaufwendungen + Tilgungszahlungen	Dieser Wert zeigt an, ob das EBITDA für die Begleichung der anstehenden Zins- und Tilgungszahlungen ausreicht. **Bewertung:** Kritisch sind Werte unter 100 % zu betrachten. Generell sollte die Wertausprägung jedoch möglichst weit über 100 % liegen, um die Erfüllung weiterer finanzieller Verpflichtungen zu gewährleisten

(Fortsetzung)

Verschuldungskapazität	Free Cashflow × Faktor 5,9	Dieser Wert zeigt, welches Maß an Neuverschuldung in der Betrachtungsperiode tragbar ist – Basis bildet der betriebliche Free Cashflow. Der hierfür verwendete Faktor entspricht sieben Jahren Tilgungszeit samt rechnerischer Abzinsung. **Bewertung:** Im Regelfall sollte dieser Wert mit Ausnahme von anstehenden großen Erweiterungsinvestitionen niemals auch nur annähernd erreicht werden. Diese Kennzahl hat einen rein informativen Charakter
Anlagendeckungsgrad I	(Eigenkapital/ Anlagevermögen) × 100	Dieser Wert drückt aus, welche Teile des Anlagevermögens durch langfristiges Kapital im engeren Sinn, das Eigenkapital, gedeckt sind. **Bewertung:** Werte unter 70 % sind problematisch, da hier die Erfüllung der goldenen Bilanzregel infrage zu stellen ist. Wertausprägungen zwischen 70 und 100 % sind akzeptabel. Beträgt der Anlagendeckungsgrad I 100 % oder mehr, ist das als gut anzusehen. Denn dann wird die goldene Bilanzregel im engeren Sinn berücksichtigt
Anlagendeckungsgrad II	(Eigenkapital + langfr. Fremdkapital)/Anlagevermögen	Diese Kennzahl liefert die Information, ob die goldene Bilanzregel im weiteren Sinn erfüllt ist, also das langfristige Vermögen durch langfristiges Kapital im weiteren Sinn gedeckt ist. **Bewertung:** Werte unter 1 sind als problematisch zu sehen, da hier die Erfüllung der goldenen Bilanzregel im weiteren Sinn nicht gegeben ist. Generell ist es erstrebenswert, diese Grenze weitgehend zu übertreffen, um auch eine Deckung des langfristig im Unternehmen benötigten Umlaufvermögens durch längerfristiges Kapital zu gewährleisten
Anlagendeckungsgrad III	(Eigenkapital + langfr. Fremdkapital)/(Anlagevermögen + Net Working Capital)	Diese Kennzahl gibt Auskunft, ob das dauerhaft im Unternehmen benötigte Umlaufvermögen ebenfalls durch langfristiges Kapital gedeckt ist. **Bewertung:** Werte unter 1 sind problematisch, da hier eine unzureichende Deckung der für den Fortbestand des Unternehmens benötigten Vermögensteile vorliegt

The manufacturer's authorised representative in the EU is Springer Nature Customer Service Centre GmbH, Europaplatz 3, 69115 Heidelberg, Germany. If you have any concerns regarding our products, please contact ProductSafety@springernature.com

Printed and bound by CPI Group (UK) Ltd, Croydon, CR0 4YY
23/03/2026
02076462-0007